ACCESO GRATIS ***a la Lectura en la Nube***

Para visualizar el libro electrónico en la nube de lectura envíe junto a su nombre y apellidos una fotografía del código de barras situado en la contraportada del libro y otra del ticket de compra a la dirección:

ebooktirant@tirant.com

En un máximo de 72 horas laborables le enviaremos el código de acceso con sus instrucciones.

AF617411

ADOLESCENCIA
Razones y sinrazones de la violencia juvenil

Raquel Bartolomé Gutiérrez
M.ª José Bernuz Beneitez
Esther Fernández Molina

ADOLESCENCIA
Razones y sinrazones de la violencia juvenil

| CINE Y DERECHO

tirant lo blanch
Valencia, 2026

Codirectores:

JAVIER DE LUCAS

Catedrático de Filosofía del Derecho

FERNANDO FLORES

Profesor Titular de Derecho Constitucional

EDITA: TIRANT LO BLANCH
C/ Artes Gráficas, 14 - 46010 - Valencia
TELFS.: 96/361 00 48 - 50
FAX: 96/369 41 51
Email:tlb@tirant.com
www.tirant.com
Librería virtual: www.tirant.es
DEPÓSITO LEGAL: V-135-2026
ISBN: 979-13-7021-907-9
MAQUETA: Tink Factoría de Color

Si tiene alguna queja o sugerencia, envíenos un mail a: *atencioncliente@tirant.com*. En caso de no ser atendida su sugerencia, por favor lea, en *www.tirant.net/index.php/empresa/politicas-de-empresa* nuestro procedimiento de quejas.

Responsabilidad Social Corporativa: http://www.tirant.net/Docs/RSCTirant.pdf

Índice

1 Ficha técnica

Adolescencia

Razones y sinrazones de la violencia juvenil

Título original: *Adolescence*

Año: 2025

Duración: 228′

Nacionalidad: Reino Unido

Dirección: Philip Barantini

Guión: Stephen Graham, Jack Thorne

Reparto:

Stephen Graham como Eddie Miller

Owen Cooper como *Jamie* Miller

Ashley Walters como el inspector Luke Bascombe

Erin Doherty como Briony Ariston

Faye Marsay como Misha Frank

Christine Tremarco como Manda Miller

Mark Stanley como Paul Barlow

Kaine Davis como Ryan

Jo Hartley como la Sra. Fenumore

Amélie Pease como Lisa Miller

Austin Haynes como Fredo

Lil Charva como Moray

Elodie Grace Walker como George

Música: Aaron May, David Ridley

Fotografía: Matthew Lewis

Compañías: It's All Made Up Productions, Plan B Entertainment, Warp Films

Género: Miniserie de TV. Drama psicológico. Adolescencia. Policíaco. Crimen

2 Introducción

Discutir sobre el otro, sobre lo que le ocurre a los demás, es algo habitual y puede resultar incluso terapéutico. Parece que vemos con más perspectiva aquello que el propio individuo es incapaz de ver en sí mismo (la paja en el ojo ajeno y la viga en el propio). Somos más audaces, razonables y certeros a la hora de tomar decisiones sobre asuntos ajenos que cuando se trata de cuestiones que nos incumben directamente. Al tiempo que nos mostramos más críticos con acciones y actitudes que no comprendemos de otros, de quienes apenas conocemos el nombre y profesión y que valoramos conforme a nuestra vara de medir. La audacia y la crítica se agudizan cuanto mayor es la distancia que nos separa del sujeto de nuestra observación. Y esa distancia parece insalvable cuando se trata de un adulto que intenta comprender las razones que están detrás del comportamiento adolescente. De todos los adolescentes y de cada uno de ellos en particular. Todo adulto ha pasado por una fase adolescente y ha vivido su propia adolescencia, que utiliza para valorar la adolescencia actual o al adolescente que tiene delante. En muchas ocasiones, ya olvidó esa fase convulsa de su vida.

El cine y las series se distancian entre sí en la estructura de la narración y en la duración, continua o fragmentada, pero comparten la forma audiovisual de contar una historia. Se trata de un relato que desea interpelar al espectador, que a su vez espera serlo cuando se coloca ante la pantalla (cinematográfica o no). Nos permite el cómodo ejercicio de *voyeurismo*, de ver sin ser visto, de juzgar sin exponernos. Al tiempo que incita a la discusión desacomplejada que permite hacerlo sobre personajes ficticios y situaciones que pueden ser más o menos irreales (aunque se basen en hechos reales). Sin embargo, en ocasiones (cada vez más), el cine aspira a ser fiel a la realidad, a colocarnos ante un estudio de casos que nos permitan discutir sobre la vida misma, la de los demás, pero que podría ser la nuestra o la de los nuestros. En ese momento, cuando empatizamos con la situación y los personajes, la discusión se hace más meditada, con razonamientos más complejos, intentado llegar a las circunstancias que explican los comportamientos de aquellas personas (y personajes) a quienes juzgamos desde el otro lado de la pantalla. Siempre queda el alivio de saber que es una ficción de la que salimos cuando la pantalla vuelve al negro, pero permanece la duda de que podríamos estar en esa misma situación, en alguna o varias de las distintas posiciones que ofrece la historia filmada.

También es diferente la relación del espectador con la historia contada en un largometraje, en un corto, en las series o en las miniseries. Una película nos presenta una historia, más o menos extendida en el tiempo, pero en un periodo acotado entre 60 y 150 minutos aproximadamente. En ese tiempo entramos y salimos de la historia con una huella mayor o menor según sea la intensidad de la historia que se cuenta y la calidad narrativa e interpretativa del director y los actores. La serie convencional nos acompaña por la vida de varios personajes que se relacionan entre sí y que evolucionan con el tiempo (y, antes, con el paso de las temporadas). Ese tiempo que transcurre permite al espectador establecer una especie de relación más duradera con los personajes que incrementa la comprensión de las acciones y decisiones de los personajes. De alguna forma vivimos con los protagonistas su historia. Las mini-series se encuentran a medio camino entre las historias contadas en el cine y las que narran las series de mayor duración. Aquí cada capítulo abre interrogantes sobre diversos temas (incluso a veces tienen un título muy ilustrativo) que permiten comprender la historia de una manera más integral y compleja, pero no tan larga para que acompañemos al (o los) protagonista(s) en su vida.

La serie *Adolescencia* forma parte de estas miniseries que nos cuenta a lo largo de sus cuatro episodios, filmados en un solo plano secuencia, lo que avanza en el título: algo sobre el mundo desconocido, y ya distante para un adulto, de la adolescencia. Y lo hace mostrando diferentes dimensiones (su psicología, relaciones sociales o familiares) que nos permitan comprender (o no) el sentido o sinsentido del comportamiento adolescente y, en concreto, las circunstancias que rodean el comportamiento criminal de *Jamie* que, con 13 años, acaba dramática e inesperadamente con la vida de una compañera del instituto.

Resulta complejo asumir un acto irreparable cuando el autor es un niño. Como sociedad y como ciudadanos individuales, reaccionamos con una mezcla de incredulidad y espanto ante un homicidio (o asesinato) cometido por alguien de tan corta edad. Buscamos certezas y respuestas rápidas que se acomoden a nuestra forma de entender el mundo social y el mundo adolescente, y que nos permitan dormir un poco más tranquilamente: ¿qué le pasa a ese adolescente o a ciertos adolescentes? ¿cómo se ha llegado a ese punto? Pero las respuestas, ni son sencillas, ni resultan tranquilizadoras. Y esta es, en nuestra opinión, una gran novedad en la serie: explora la mente, el entorno social y familiar de *Jamie* con la esperanza de encontrar una razón suficientemente poderosa como para comprenderlo, pero no concluye qué llevó a *Jamie* al asesinato, de manera que lo que nos muestra es a un adolescente cualquiera que mata a una compañera de clase, otra adolescente cualquiera. Se trata de un planteamiento que resulta profundamente perturbador e invita a una profunda reflexión sobre la adolescencia.

3 Adolescencia. ¿Una serie sobre adolescentes?

3.1. De qué va la serie (y el libro)

La serie gira alrededor del asesinato de *Katie* cometido por *Jamie*, ambos de 13 años y compañeros de escuela. La serie nos coloca, pues, ante uno de los hechos sociales que más repulsa generan, como es la comisión de un delito muy grave (si no el más grave), como lo es un asesinato. Repulsa que va seguida de la intriga y el desconcierto cuando el autor es un menor de tan corta edad. Ese acto, cometido por un adolescente de 13 años, genera algunos interrogantes: ¿comprende o no la entidad de los hechos?, ¿es capaz de asimilar las consecuencias de lo ocurrido? ¿cómo reacciona el sistema penal cuando el acusado es un menor de edad? Y el más importante de todos ¿por qué *Jamie* mata a *Katie*? *Adolescencia* tiene la virtud de hacernos estas preguntas sin presentar un posicionamiento claro al respecto, para que sea el espectador el que llegue a sus propias conclusiones en función de su mirada proyectada desde una posición y un contexto concretos.

El caso se plantea y el enigma parece que se resuelve en el episodio primero, cuando *Jamie* es detenido en su casa, de madrugada, en presencia de su familia, para a continuación llevarle a comisaría donde le tomarán declaración. En ese mismo episodio, *Jamie* insiste en que él no fue. Su reiterada negación abre una rendija de duda. Se crea cierta expectativa de que pueda ser un error, que aún hay algo que investigar o aclarar sobre lo que ocurrió. Queremos creer que él no fue porque nos parece demasiado terrible que lo sea, aunque el final del primer episodio no deja lugar a dudas. Y con esa curiosidad (y un cierto morbo) por certificarlo y, sobre todo, por entenderlo, llegamos expectantes a los dos siguientes episodios que muestran parte del trabajo policial y forense. Pero la investigación que lleva a cabo la policía en el episodio dos y, posteriormente, la evaluación forense en el episodio tres, no tratan de resolver el caso. Los hechos están claros y la autoría también. La serie abre distintas vías que nos permitan comprender por qué pudo ocurrir algo tan poco probable como terrible. Lo hace con detenimiento, pero de una manera no conclusiva y sin juzgar, porque precisamente muestra que no hay una sola razón (o sin razón) para matar, sino una pluralidad de ellas. Y lo hace proponiendo que mantengamos todas las hipótesis abiertas y haciendo que revisemos nuestra posición y opiniones sobre la relación entre agresores y víctimas, ideales o no.

Adolescencia no es efectista, no se recrea en el delito, ni en la sangre, ni en el sufrimiento de la víctima, ni en los detalles macabros que calificarían una serie como de terror. La podríamos encajar en la categoría de drama y de serie social y criminológica, que proyecta una mirada sobre aquellos aspectos que podrían condicionar aislada o conjuntamente el acto delictivo. Se interesa por la etiología de la delincuencia (grave) y la violencia adolescente.

Así pues, desde el episodio uno sabemos quién cometió el asesinato y se nos muestra dónde, cuándo y cómo lo hizo. A partir de ahí, la serie explora posibles respuestas a la pregunta que, en reali-

dad, guía toda la serie: ¿por qué un adolescente *cualquiera* mataría a una compañera de clase, otra adolescente *cualquiera*? Así, en el episodio dos, de la mano de la policía, la cámara entra en la comunidad escolar integrada por profesores y compañeros de clase, nos presenta a sus amigos y la vida con ellos dentro y fuera del instituto, y nos coloca ante la relación (o aparente ausencia de relación) entre víctima y victimario. En el episodio tres, intenta adentrarse en la mente del adolescente, en sus rasgos de carácter, en los eventos pasados que quizás le dejaron una impronta que le acompañará de por vida, en lo que le importa y le ofende. Y lo hace a través de la mirada adulta y profesional, la de la psicóloga forense, que debe afrontar la compleja tarea de informar sobre su capacidad para comprender lo que hizo. En el último episodio, la cámara vuelve el objetivo hacia la familia, que realiza un ejercicio de reflexión sobre su responsabilidad en lo ocurrido, pero ante todo que se asombra de lo que ha sucedido con su hijo al que creían a salvo en su habitación, en la habitación de al lado.

Dado que este libro aspira a ser una herramienta de reflexión individual, pero también de discusión colectiva sobre la adolescencia, se ha estructurado en las mismas partes que tiene la serie. La serie está fragmentada en los cuatro episodios que son comentados y problematizados en los cuatro capítulos principales del libro (capítulos tres a seis), seguido de un capítulo siete sobre género que nos permite ahondar en un tema que entendemos clave para aglutinar los diferentes elementos que explora la serie, cerrando con un capítulo conclusivo con cuestiones transversales como son el adultocentrismo, la masculinidad y la responsabilidad social sobre la adolescencia.

La serie, en sus cuatro episodios, se centra en cuatro momentos y espacios bien distintos, con algunos hilos y personajes que los conectan y dan continuidad a la historia. Incluso, cada uno de esos capítulos podría encajar en un género distinto que alcanza desde la dimensión forense y de investigación criminal, a la más intimista y poco habitual sobre el impacto (sobre todo emocional) del delito en el entorno de la víctima y también del victimario. De hecho, los cambios entre episodios pueden resultar abruptos y quizás quieran serlo para mostrar la desconexión entre ámbitos (el policial, el escolar, el familiar). Entendemos que cada capítulo se rueda en un único plano secuencia con el objetivo de mostrar un tema principal en cada uno, que sucede en el tiempo en que dura el capítulo. Con el manejo del plano, la cámara organiza el espacio visual e introduce al espectador en una experiencia casi inmersiva, como si formara parte de la coreografía narrativa. También nos permite ver los momentos de conexión y desconexión entre los protagonistas. Como resultado, cada episodio resulta relativamente autónomo, de manera que podría permitir la discusión con una pequeña introducción. Además, cada episodio deja preguntas, dudas, una necesidad de conocer, de entender lo que ha ocurrido que no es totalmente satisfecha en el siguiente episodio. En este sentido, en cada episodio aparecen piezas del puzle, pero no aparecen todas las piezas, lo que genera cierto desasosiego al espectador/a que desde el principio de la serie busca comprender el porqué. Un ejemplo de los múltiples matices que quedan sin resolver en *Adolescencia* es la cantidad de posts, artículos, entrevistas o pódcast que se han publicado en todos los rincones del planeta (especialmente en el mundo occidental) tratando de comprenderlos en su totalidad.

Todos los capítulos, finalmente, nos permiten reflexionar sobre la etiología del delito, pero también sobre las consecuencias y el impacto que tiene éste, no solo para víctima y victimario, sino para la familia de un adolescente violento y para sus comunidades de referencia. En este sentido la serie adopta una visión amplia del impacto del delito, pues la mirada del entorno social está presente en todos los episodios y nos presenta una sociedad que rápidamente lanza su veredicto de culpabilidad individual y responsabilidad familiar, antes de tener toda la información y conocer todos los matices que veladamente la serie va planteando. De hecho, *Adolescencia* aborda también la reacción que, inevitablemente, un hecho de estas características provoca en diversos entornos institucionales, familiares y escolares, o sociales.

Nos parece necesario cerrar este capítulo sobre lo que cuenta la serie con un breve resumen de lo que relata cada capítulo, que puede acabar en algún *spoiler*. El primer episodio nos coloca ante el descubrimiento del delito, la detención policial de *Jamie* en su casa de madrugada y la detención e interrogatorio de *Jamie* en las dependencias policiales. Consigue captar la sorpresa, el miedo, la decepción y la incomprensión de la familia. La cámara acompaña a la policía en su violenta entrada en la casa todavía en silencio, despertándose. Sigue a *Jamie* en el furgón que le traslada a dependencias policiales. Una vez allí, nos lleva de la mano de diferentes profesionales a las distintas estancias y momentos, haciéndonos conscientes de la hora escasa que transcurre desde la detención hasta la declaración ante la policía en presencia del abogado. Con una visión claramente funcionalista, el episodio nos muestra cómo cada profesional tiene una misión precisa que cumple de acuerdo con un protocolo establecido. Son claramente diferentes las funciones que cumplen los policías que derriban brutalmente la puerta sin cuestionar la orden que han recibido y proceden a la inspección de la casa; de quienes realizarán la investigación y orientan todo a ese fin; y distintas de quienes toman datos y muestras para la detención oficial de *Jamie*. Otra función cumple el abogado que vela por la protección de los derechos de *Jamie* y debe explicar a la familia lo ocurrido y lo que estar por ocurrir.

El segundo episodio presenta la investigación del inspector *Bascombe* en el centro educativo en el que *Katie* y *Jamie* compartían estudios, amigos, compañeros y profesores, en definitiva, toda una vida o, al menos, una buena parte de ella. En este episodio se explora el papel que el instituto ha podido jugar en lo que pasó. No porque sus responsables tengan algo que ver con lo que ha sucedido, sino porque ha sido el espacio que los jóvenes han compartido y dónde se han forjado toda una maraña de relaciones personales que pueden ayudarnos a entender por qué sucedió lo que acabó pasando. Este episodio presenta una visión caótica de la institución educativa: profesores sin autoridad y jóvenes anárquicos y pasotas que parecen no entender lo qué ha pasado realmente o que no logran comprender el verdadero alcance de lo que ha ocurrido porque reaccionan incluso con humor. Junto al descontrol escolar se muestra el papel que la tecnología ha podido tener al desnaturalizar las relaciones entre los adolescentes. Este episodio presenta innegablemente una imagen negativa de la juventud actual, al tiempo que la vislumbra como poderosa y la única capaz de moverse con agencia en la sociedad tecnológica actual.

El tercer capítulo de la serie se desarrolla, unos meses después del arresto de *Jamie*, en una sala del centro de detención juvenil en el que está *Jamie*. *Briony*, psicóloga forense contratada por la defensa, más allá de la confesión o la negación de lo que ha ocurrido, llega con el objetivo de profundizar en la mente de *Jamie*, en sus valores, carácter, actitudes hacia las mujeres o la reacción ante el rechazo. La puesta en escena es sobria y subraya aún más la tensión de la entrevista, pese a la apariencia de cordialidad. *Jamie* se muestra, a veces a la defensiva, otras agresivo y colérico y finalmente vulnerable cuando se despide de ella gritando y preguntándole si le importa. *Briony*, por su parte, intenta que él reflexione, evidencia algunas contradicciones en sus respuestas y presiona (quizás más de la cuenta) para que sea honesto en sus respuestas. Se ha calificado como un duelo verbal y emocional entre *Briony* y *Jamie* que no ofrece respuestas cerradas a la pregunta de qué hay en la mente de *Jamie*. No ofrece vencedores, sino vencidos. *Jamie* aparece vencido por sus contradicciones entre lo que quiere aparentar ser (un chico duro) y lo que es (un adolescente vulnerable). *Briony* rendida ante la actitud y el comportamiento erráticos de *Jamie* y por el desafío que supone elaborar el informe de este caso.

El último episodio nos adentra en la vida de la familia de *Jamie*, unas semanas antes del juicio y varios meses después de la detención. Es el cumpleaños de *Eddie*, el padre, y pese a que su vida ha cambiado radicalmente, intentan celebrarlo en familia con cierta normalidad. Nada es igual para ellos, que están sometidos a un juicio social constante, que son agredidos y señalados como la familia de *Jamie* o interpelados por lo que *Jamie* hizo. Y, sin embargo, intentan que la vida siga. En este episodio, *Jamie* felicita por teléfono a su padre por su cumpleaños y le cuenta que va a cambiar su declaración en el inminente juicio y se va a declarar culpable. Es una confesión que va a sacudir profundamente a los padres, quienes reflexionan juntos y a solas sobre su rol en la educación de su hijo y se interrogan sobre si podrían haberlo hecho mejor o, al menos, de otra manera. El ejemplo de la hija, madura e inteligente, les salva del precipicio porque con ella, concluyen, lo hicieron bien. El episodio termina cuando *Eddie* visita la habitación de *Jamie*, se aferra al oso de peluche de su hijo y lo besa, expresando un dolor íntimo, profundo, y un arrepentimiento que deriva de la asunción de una parte de responsabilidad.

3.2. Personajes ¿quién es quién?

Los personajes son, como asegura la RAE, esas personas o seres, reales o ficticios, que acompañan la narración en una obra literaria o cinematográfica. Pero, por ello mismo, son quienes crean la historia y la hacen creíble. En algunas ocasiones los personajes son la propia historia. Puede ser que sea lo que, en parte, ocurre con *Adolescencia*. La fuerza de los personajes y de su actuación son las que definen la historia y decantan nuestro juicio.

En *Adolescencia* hay un personaje adolescente central, el de *Jamie,* y varios personajes adultos, que observan y juzgan con diferentes miradas (siempre adultas) su comportamiento. *Jamie Miller* representa a un chico de 13 años acusado de haber asesinado a una compañera de instituto. Es un chico que pertenece a una familia de clase media de padre fontanero y madre que permanece en casa, sin ostentación, pero sin carencias. Se trata de una familia normal (no desestructurada) compuesta por padre, madre y hermana mayor, en la que los miembros se preocupan unos por otros y tienen una relación afectiva que parece correcta. *Jamie* tiene varios amigos en el instituto, realiza actividades propias de su edad como deambular por la calle, encerrarse en la habitación para jugar con el ordenador o mantener un perfil en redes sociales. En el instituto se percibe como un estudiante con buen rendimiento. Todo muestra una aparente normalidad. Sin embargo, cuando las redes sociales hablan, muestran un chico que no es indiferente ante los mensajes sobre su físico o su sexualidad y que responde con agresividad. Lo que ocurre en redes no siempre se queda en las redes. Genera un sufrimiento real, con consecuencias reales. No sabemos quién es *Jamie*, pero sabemos quién de sus yoes mató a *Katie*.

Entre los personajes adultos, destacan y ocupan más metraje, el padre de *Jamie* y el inspector de policía, como adultos varones de referencia, y la psicóloga como referente femenino con la que mantiene un diálogo que ocupa todo (aunque solo) el episodio tercero. El padre de *Jamie*, *Eddie Miller*, se presenta como alguien contradictorio. De un lado, es un tipo fornido, con apariencia de duro y bastante temperamental. De otro lado, se presenta como un hombre trabajador, sin más vicio que tomar alguna cerveza, un marido atento y un padre tierno que acompaña la educación de sus hijos (sobre todo de su hijo) y no puede esconder las expectativas frustradas sobre *Jamie* (el hijo varón) en algunas ocasiones. En todo caso, muestra un padre que, con cierta entereza, capea la evidencia de que su hijo hizo lo que dicen que hizo, de haber vivido con un extraño encerrado en el cuarto de al lado, de soportar el ostracismo, la desconfianza y las agresiones del vecindario que, de alguna manera, lo culpan del comportamiento del hijo. Navega como puede en el mar picado de la burocracia policial y judicial, hasta entonces ajena.

También juega un papel central el inspector *Bascombe*. La serie lo presenta también como un tipo hercúleo (típico policía, se podría decir), negro, de mediana edad. Nos presenta la complejidad del personaje (como la de cualquier otra persona), mostrando su faceta familiar, casado con un hijo adolescente (estudiante del instituto de *Jamie*) con problemas de *bullying*, al que desconoce, como le ocurre a *Eddie Miller* con su hijo *Jamie*, y al que se acerca a raíz de la investigación del caso. Pero, sobre todo, predomina su dimensión profesional como inspector en la investigación del asesinato. Aparece como un policía meticuloso, protocolario en la relación con *Jamie* y su abogado, a la vez que comprensivo con la situación de desconcierto y angustia familiar. En esa visión clásica de percibir los interrogatorios, asume el rol de 'poli bueno' en contraposición a *Misha Frank*, compañera de *Bascombe* en la investigación. Ésta se presenta como una mujer sin pareja, sin deseos de ser madre, dura en la vida, perspicaz y profesional en la investigación. En la toma de declaración de *Jamie* asume el rol de 'poli mala'.

La psicóloga forense, *Briony Ariston*, aparece únicamente en su dimensión profesional, y solo en el tercer episodio dedicado a reproducir la última entrevista (de una serie de varias), mediante las que debe determinar si *Jamie* comprendía o no en el momento de los hechos, el crimen que cometió y las consecuencias que se han derivado del mismo. Es una mujer en la treintena (a caballo entre la edad de *Jamie* y la de sus padres), vestida sin estridencias, con una belleza tranquila. La relación entre ambos es ambivalente. De un lado, para *Briony* la relación con *Jamie* es estrictamente profesional y finalista. Cada detalle está pensado (le lleva un sándwich) y cada pregunta meditada para lograr el objetivo de los encuentros. Nada debe quedar al azar y los límites de la relación están claros. *Jamie* conoce la función de la psicóloga, pero anhela su afecto, pasa de las risas a la agresividad según el tono de las preguntas. Así, le interpela sorprendentemente para que le diga si le importa, aunque sea un poco, a la vez que se muestra dominante y amenazador en algunos momentos. Queda la certeza de que la actuación de *Jamie* sería diferente si *Briony* fuera un hombre o si tuviera delante a una mujer de más edad o, quizá, si llevara uniforme.

Son personajes secundarios, la madre y la hermana. Ambas sorprenden por salirse de los estereotipos. La madre, *Manda Miller,* se presenta como un personaje en la sombra. Para *Jamie* parece una figura familiar periférica, apenas la menciona, elige a su padre como adulto de referencia ante la policía y es al padre a quien cuenta (pensando que su madre no está en el coche escuchando a través de una llamada en modo manos libres) que va a cambiar la declaración. Sin embargo, *Manda* es la que cuida que la unidad familiar permanezca en pie. El día del cumpleaños del padre prepara un desayuno especial, resuelve cómo actuar la noche en que entra la policía en casa, se adapta a las situaciones sobrevenidas y responde con cierto humor ante una situación dramática. Pero, sobre todo, se pregunta si fueron buenos padres y si pudieron hacer algo más. La hermana mayor, *Lisa Miller*, se presenta como un personaje maduro que es capaz de mantener la calma, lo que contrasta con las reacciones impulsivas de su padre y su hermano y con el aparente abatimiento de la madre.

En un segundo plano están los amigos de *Katie* y de *Jamie*. La amiga de *Katie*, *Jade*, que con su muerte ha quedado sola (y algo aislada) en el instituto, se encarga de reivindicar la figura de *Katie* como víctima y su memoria para evitar que solo permanezca el nombre del agresor en el imaginario colectivo. Nos habla de su soledad adolescente en un entorno que percibe como hostil. Los amigos de *Jamie* aparecen fugazmente, saben que van a ser investigados y escurren el bulto. Son ellos los que, imaginamos, han alentado a *Jamie* para que pasara a la acción y le han facilitado el cuchillo homicida y, llegado el momento de la verdad, movidos por el miedo a las consecuencias que les pudiera acarrear una postura solidaria hacia su amigo, lo abandonan sin ni siquiera explicar que *Jamie* también se sentía víctima del escarnio público al que *Katie* lo había condenado.

Paradójicamente, el personaje de la víctima, *Katie*, es invisible, como también queda fuera de cámara su familia. No aparece ni una sola vez actuando directamente. Cierra el segundo episodio cantando un solo en la canción *Fragile* (de *Sting*), quizá como una forma de reconocerla cantando sobre la vulnerabilidad del ser humano y el sufrimiento que genera la violencia. Se diría que forma parte del contexto que contribuye a la finalidad de la serie: comprender la mente, los sentimientos y la vida de un adolescente. La vemos, sobre todo, como una imagen difusa en las cámaras que delatan su encuentro con *Jamie* y su fatal desenlace. Sabemos de ella indirectamente, por lo que cuentan los demás. El largo testimonio de su amiga la presenta como buena compañera y una amiga querida. Algunos profesores la veían como una estudiante aplicada y como una buena chica. Pero también sabemos de ella a través de su actitud en redes, que es agresiva y acosadora de *Jamie*. Sabemos, sobre todo, que murió y que, como dice la sargento, está destinada a permanecer en la sombra mientras todo el mundo recuerda el nombre del asesino.

3.3. Contexto de la serie. ¿Por qué esta serie ahora?

La adolescencia, desde los parámetros adultos que definen el mundo, conforma uno de los grupos sociales más incomprendidos y que generan más preocupación. A medio camino entre la infancia y la edad adulta, a los adolescentes se les ve necesitados de protección, a la par que son percibidos como un riesgo para sí mismos y para los demás. El Comité de los Derechos del Niño en su Observación General 20 (2016) asume esta paradoja y destaca que "la adolescencia es una etapa de la vida caracterizada por crecientes oportunidades, capacidades, aspiraciones, energía y creatividad, pero también por un alto grado de vulnerabilidad". Esa vulnerabilidad favorece que puedan sufrir daños, pero también que puedan ocasionarlos a otros. Es quizás por ello que la violencia juvenil siempre es objeto de preocupación, alarma y sorpresa. En parte porque nos inquieta poder caer del lado de las víctimas o porque nos perturba saber que podemos convivir con el agresor, especialmente, si este es un niño de 13 años. Pero también porque, colectivamente, necesitamos ahondar en su etiología, prevenirla y evitar el sufrimiento que acarrea.

La serie nació, precisamente, de la confusión y la alarma de los creadores ante algunos casos reales de adolescentes homicidas en Reino Unido, según ellos mismos han relatado. Estos casos los llevaron a conocer el crecimiento de delitos con arma blanca entre los adolescentes en ese país. Este aumento ha sido constatado por las instituciones y la investigación criminológica, y en el debate público ha llegado a considerarse una epidemia e, incluso, una nueva normalidad en Reino Unido (*Deadly teen knife crisis UK's 'new nor-*

mal'). Los datos oficiales confirman que en Reino Unido en 2024 murieron por herida de arma blanca (cuchillo u objeto punzante, 'cuchillos zombies') 57 menores de 25 años (Office for National Statistics, 2025). También preocupa la facilidad con la que los menores de edad adquieren estas armas en Internet en un mercado sin ningún control. Esa preocupación ha llevado a poner en marcha el proyecto *Coalition to Tackle Knife Crime* para prohibir o controlar la venta de cuchillos por internet, así como el proyecto *Don't stop your future* que plantea iniciativas para concienciar sobre el riesgo de permitir el uso de armas blancas entre los jóvenes.

En Reino Unido, la normalización del uso de armas blancas entre adolescentes ha disparado la alarma social y la necesidad de comprender la violencia juvenil. Algo que ocurre en cualquier país cuando surgen casos de violencia juvenil. Cambian los contextos, pero se mantiene la sorpresa ante el hecho de que en edades tempranas se pueden cometer actos atroces. Precisamente en Reino Unido ocurrió el caso *Bulger* (Liverpool, 1993) que sigue siendo uno de los delitos más terribles de su historia. El caso *Bulger* hace referencia al secuestro, tortura y asesinato de un niño de dos años por parte de dos menores de 10 años. Sobre este caso se rodaron documentales y películas, se escribieron miles de páginas, se modificó la normativa, pero sigue generando sorpresa y alerta y, sobre todo, interés por saber qué pudo provocarlo, dónde están las raíces de tal atrocidad a una edad tan temprana o cómo intervenir con ellos. Con el tiempo se ha sabido que en el caso *Bulger* había marginación, infancias difíciles en contextos escolares y familiares complejos, pero ¿es así en todos los adolescentes que usan armas blancas en este momento?

La serie nos plantea que no siempre es así, que jóvenes con vidas bastante normales pueden cometer también actos terribles. Tratando de entender el porqué de esa violencia aterradora, la serie explora la complejidad de la adolescencia en países desarrollados (¿solo en esos?) a través de un adolescente concreto, *Jamie*. A lo largo de los cuatro capítulos, nos muestra la vida de *Jamie* para aportar algo de luz sobre por qué ocurrió lo que las cámaras atestiguan en el primer episodio, explorando algunos factores que tendemos a creer que explicarán lo que ocurrió. Algunos factores son clásicos en la investigación criminológica, como la familia o la escuela. Otros abordan temas actuales como los cambios en las relaciones sexoafectivas o el impacto de las redes sociales y su función de aglutinante o disolvente social.

La discusión sobre la videovigilancia está presente también en la serie. Es la que permite descubrir a través de unas imágenes, no del todo nítidas, pero concluyentes, quién es el asesino de *Katie* y cómo lo hizo. El debate sobre el sentido, la expansión y los límites de la videovigilancia sigue estando de actualidad en Europa y muy especialmente en Reino Unido que, junto a Alemania, encabezan los países con mayor número de cámaras (unos 5 millones). La videovigilancia nos coloca ante conflictos de derechos que tenemos que resolver. De un lado, la expansión de cámaras en espacios públicos parece atentar contra la libertad de las personas y, sobre todo, contra su intimidad y privacidad. De otro lado, su capacidad de observación infatigable hace que esté presente cuando nadie más vigila. Por ello, su pericia se ha incorporado de manera natural al peritaje forense y su utilización resulta cada vez menos cuestionada. Cuando se trata de proteger la seguridad o identificar a quien atenta contra ella, la intimidad queda en un segundo plano.

Las imágenes de las cámaras de seguridad son las que quedan en nuestras retinas cuando son testigos de los delitos más graves. Muestran que *Katie* murió a manos de *Jamie*, igual que en su día mostraron a *Robert Thompson* y *John Venables* llevarse a *James Bulger* de la mano, delante de unos ciudadanos que no supieron hacer nada para impedirlo.

Finalmente, toda la serie nos habla de imputabilidad y de derechos, nos hace pensar en la especificidad de la respuesta penal y de los derechos de niños y adolescentes avalada por su condición y sus necesidades como menores de edad. Ese es el telón de fondo de toda la serie: cambia el contexto, cambian las tecnologías, pero siguen siendo adolescentes, aunque cometan delitos terribles.

3.4. El telón de fondo: delincuencia juvenil grave ¿cometida por niños?

Cuando se comete un asesinato, la sociedad se pregunta, entre aterrada y expectante, cuestiones como quién es el asesino, por qué lo hizo, qué relación tenía con la víctima o cómo ocurrió. Cuando es un menor de edad quien comete un delito de la máxima gravedad, la atención queda retenida en la edad que tenía cuando asesinó y se abre un complejo debate: ¿se puede considerar niño a quien comete un acto tan atroz si tuvo el valor y la capacidad de hacer algo tan grave? ¿es igual de culpable que un adulto? ¿la respuesta no debería ser igual de contundente?

De un lado, con apoyo en los hallazgos científicos, la ley nos recuerda que hasta los dieciocho años son menores de edad y es preciso tener en cuenta que su culpabilidad es 'reducida' (conforme a la normativa internacional). De otro lado, incapaces de apartar la atención de la crueldad de lo ocurrido, se duda de que no puedan comprender algo tan básico como atentar y acabar contra la vida de alguien. Entendemos erróneamente que la gravedad del delito es un síntoma de madurez y exigimos un tránsito automático hacia la respuesta penal adulta. En *Adolescencia*, cada vez que aparece *Jamie* en pantalla, lo escrutamos con ojos adultos (como le ocurre al inspector que se pregunta constantemente por qué) para encontrar una razón para lo que hizo, pero, sobre todo, un indicio de que no sabía lo que estaba haciendo. Buscamos la insania o la puericia en cualquier rasgo, circunstancia o acción, sin apenas encontrarlo y nos topamos con una muerte irreparable.

Convertirse en mayor de edad es una decisión política que valora cada Estado de manera más o menos razonada, pero no siempre razonable. En muchas ocasiones hay razones y evidencias científicas, en otras consenso y concordancia internacional, a veces oportunismo político. El debate social y político sobre cuándo se llega a la edad adulta, con las consecuencias que inevitablemente conlleva, siempre resulta espinoso. Y lo es porque es el legislador quien determinará en qué momento una persona se convierte en imputable, abriendo paso a la culpabilidad que presupone la madurez plena. Culpabilidad que, en el ámbito criminal, implica que conoce lo injusto del comportamiento delictivo y tiene capacidad para actuar conforme a ese conocimiento. Las dos maneras de pensar la transición de la infancia hacia la adultez, biológica o psicológica, presentan multitud de aristas que intentan limarse con una perspectiva integradora. En ambas nos interesa pasar siempre por el filtro del interés superior del menor y dejar de lado, como reclama la Convención de Derechos del Niño, otras consideraciones económicas, políticas o de otra índole. Sin embargo, caer a un lado u otro de la imputabilidad no es baladí porque determinan una respuesta social formal muy diferente.

Una de las maneras de determinar que una persona es imputable es la biológica y encierra la presunción absoluta de que al cumplir una determinada edad (la mayoría) ya lo es. Así, hacer que la transición entre la infancia y la adultez se produzca en un segundo, puede ofrecer seguridad, pero, a la postre, resulta poco equitativo. Las personas no maduramos repentinamente, sino de manera progresiva en función de factores tanto endógenos como exógenos. Por ello, la reacción social e institucional al niño entendido como irresponsable penalmente y al adulto que lo es plenamente no puede cambiar en el momento en que cumple años. Hay una segunda opción de corte más psicologicista, en boga en el siglo XIX en España, pero que siguen manteniendo algunos países, que asume que un menor será considerado responsable cuando los expertos en Psicología o Psiquiatría infanto-juvenil determinen que es capaz de comprender el daño realizado y sus consecuencias. Aunque esta opción puede parecer la más acertada, lo cierto es que deja en manos del juicio clínico (y por tanto subjetivo) la valoración de la culpabilidad del menor con la importante quiebra de la seguridad jurídica que implica.

Es por ello que una opción mixta, avalada por la normativa internacional y por la evidencia científica, urge a crear un espacio intermedio para ese complejo espacio que es la adolescencia, que se ubica entre una minoría edad no demasiado baja y la mayoría de edad en la que se presume (ahora sí, *iuris et de iure*) que el menor es plenamente responsable (salvo circunstancias atenuantes). En abstracto, parece bastante lógico. Sin embargo, la delincuencia grave nos hace ver el vaso de la madurez más lleno que cuando se trata de un delito menor. Como colectivo adulto, cuestionamos esta excepción y anteponemos que las consecuencias individuales y sociales de los delitos son similares, al margen de la edad. Sin embargo, el Comité de los Derechos de los Niños insistía en 2019 en que "los niños se diferencian de los adultos tanto en su desarrollo físico y psicológico como por sus necesidades emocionales y educativas. Esas diferencias constituyen la base de la menor culpabilidad de los niños que tienen conflictos con la justicia". Y, cuando estamos convencidos de que así es y debe ser, en ese momento, volvemos a ver el horror del asesinato de una niña de 13 años a manos de otro niño.

En el caso que nos ocupa, *Jamie* tiene 13 años cuando es acusado de matar a una compañera de su clase por la noche, en la calle, con un cuchillo. Como avanzábamos, cada país va a determinar cuándo va a considerar que un menor es responsable criminalmente asumiendo que comprende lo que ha hecho, se le puede exigir responsabilidad penal e imponerle una medida judicial. Cada vez hay más conocimiento científico sobre cómo funciona la mente adolescente que nos permite entender un comportamiento que hasta hace poco se presentaba como deliberadamente cortoplacista, egocéntrico o irreflexivo. La Psicología del desarrollo y la Neurociencia han venido a mostrar una visión diferente, más comprensiva hacia los adolescentes, demostrando que ante todo están madurando y aprendiendo a manejarse en el complejo mundo social. Y esto es algo que condiciona su comportamiento. La normativa internacional ha integrado ese conocimiento sistemático y apuesta por reclamar que la minoría de edad penal no sea tan baja que no nos permita saber si el menor comprende las consecuencias de sus actos. Ante esa llamada internacional, la mayoría de los estados (incluida España) la ha ubicado en los 14 años, aunque les tiembla la voz cuando un menor comete un delito grave antes de la minoría de edad penal y se cuestionan si no sería necesario bajarla para acallar esa supuesta reclamación de mayor firmeza en la respuesta.

El caso se produce en Reino Unido donde a partir de los 10 años de edad se asume que el menor tiene capacidad para responder por el delito cometido. Es una excepción en el mundo occidental, criticada desde las instancias internacionales y que puede provocar un rechazo inicial como le ocurre al padre de Jamie que, ante la brutalidad de la irrupción en la casa, llama la atención de la policía recordando lo que es obvio: *"¡es solo un niño!" "¡tiene 13 años!"*. Esta situación excepcional deriva de ese otro caso extraordinario, el caso *Bulger*, que impregnó la retina de la sociedad británica para siempre y posicionó al resto del mundo que, absorto, verificó a través de la grabación de las cámaras del centro comercial el secuestro de un niño de dos años por dos menores de 10 años. Como en el caso de *Jamie*, también en el caso *Bulger*, las cámaras nos sacan de la resistencia a pensar que, a una corta edad, dos niños puedan secuestrar a otro en un momento de descuido de la madre para después torturarle y matarle. Sobre todo, cuesta pensar que lo hagan sin saber lo que supone un acto tan atroz o que, sabiéndolo, no puedan resistirse a hacerlo. Para llegar a esa conclusión es necesario conocer muy bien cómo funciona una mente infantil que comprende lo que está mal y lo que está prohibido por las normas, pero no siempre es capaz de actuar conforme a esa conciencia. Algo que resulta incomprensible para los parámetros adultos.

Además de confrontarnos con nuestras dudas sobre si un menor que comete delitos graves es suficientemente maduro para ser penalmente responsable, la serie también nos habla de los derechos que asisten a los menores y cómo se excepcionan en determinados delitos, sobre todo los más graves, y en según qué circunstancias, cuando la víctima es también una menor de edad. De hecho, puede haber una crítica soterrada al sistema británico de justicia juvenil que excepciona la atención adaptada en función del delito cometido. Así, la irrupción por la fuerza en casa, de madrugada, por cuerpos especializados uniformados, parece estar justificada porque hay indicios razonables de que se ha cometido un delito violento. Al tiempo que, como explica el abogado, la extracción de sangre o el examen del cuerpo del menor parecen estar permitidas por la ley cuando se trata de un delito grave y en función de las circunstancias del delito (hay arañazos en los brazos de la víctima). El espectador es interpelado para que valore si la excepcionalidad normativa está justificada o no. Cierto que es un delito grave, pero también lo es que es un adolescente.

4 El sistema frente a la delincuencia juvenil grave

La serie comienza con la detención de *Jamie* en su propia casa a primera hora de la mañana. La puesta en escena de la detención es sobrecogedora al más puro estilo de las películas de Hollywood. Policías armados, desplegándose por toda la casa e intimidando a sus miembros nos sitúan en la acción. Se busca a alguien peligroso, como luego sabremos, a un asesino. De ahí el sigilo, la preparación del uso de la fuerza, por si fuera necesario, y toda la carga simbólica de un cuerpo policial numeroso, uniformado y armado hasta las cejas. Se despliegan por toda la casa y, de repente, entran en la habitación del sospechoso. Y ahí llega el momento en que caen las expectativas del espectador sobre lo que va a ocurrir. Se muestra una habitación infantil, un niño de expresión dulce que, impresionado por la intervención policial que le amenaza con un arma a los pies de su cama, moja su pijama. La primera escena puede parecer absolutamente desproporcionada porque se diría que es una intervención policial para prevenir una acción terrorista, intervenir sobre un grupo de crimen organizado o para detener a un peligroso delincuente. No se sabe, como en tantas ocasiones va a suceder a lo largo de la serie, si es una acción deliberada del director, ignorancia sobre cómo suceden realmente las cosas o un juego cinematográfico para entretener o atraer la atención del espectador. Sin embargo, deliberado o no, esa escena sirve para situar el drama que presenta esta serie. Tenemos un asesino que detener y castigar, y el sospechoso es un niño de 13 años.

El espectador, que ignora lo que va a ocurrir, lo que sucede en estas situaciones y desconoce la especialidad de las leyes, empieza a cuestionarse ¿qué es esto? ¿es necesaria tanta violencia?; y ahora, ¿qué le va a pasar? ¿qué va a ser lo siguiente? Y ese espectador *lego* empieza a ver una serie de actuaciones que le sobrecogen. Lo van a detener, se va a ir solo en un coche policial y los padres, hasta ahora siempre presentes en los momentos importantes de la vida de su hijo, quedan en un segundo plano, son apartados de la escena. Sin embargo, al mismo tiempo, empiezan a mostrarse una serie de actuaciones y se presentan a unos personajes que no están en el imaginario colectivo, que no forman parte de las representaciones sociales de lo que es la acción policial. ¿Qué es un adulto apropiado? ¿hay enfermeras en las comisarías de policía? ¿qué función cumplen? ¿es normal que se pregunte tantas veces *"lo has comprendido muchacho"*?

En lo que sigue, el episodio presenta, a nuestro juicio de una manera bastante adecuada, cómo es la actuación de la autoridad cuando tiene a un menor bajo custodia policial y el difícil equilibrio que debe mantener la autoridad policial para realizar su trabajo, llevar a cabo la investigación de los hechos y salvaguardar el bienestar de los menores de edad y sus garantías jurídicas, asegurando su derecho a un juicio justo.

4.1. Menores en el sistema penal

Aunque la serie nos muestra que existe un proceso judicial en curso, de alguna manera sigue sus pasos y se espera una condena, la serie no se enmarca en el género judicial. De hecho, la serie se cierra a pocas semanas del inicio del juicio. El objetivo es mostrar las piezas que contribuyen a formalizarlo. Se sabe que la acción de la justicia sobre *Jamie* se ha puesto en marcha, pero se conocen pocos detalles de cómo es el proceso. De hecho, no llega a conocerse la condena que finalmente se le impone. La cuestión judicial es claramente eludida al espectador, pero sobrevuela a lo largo de todos los episodios cuando se investigan los hechos, se realiza el dictamen forense o se espera el día del juicio. Solo el primer episodio permite realizar un acercamiento a la cuestión penal. Se presenta a *Jamie* como un sospechoso bajo custodia policial y el espectador observa, como testigo de excepción, la puesta en marcha del protocolo policial. Un protocolo sobre el que la mayoría de los ciudadanos es ignorante, pero cuyos ritos más conocidos se identifican bien por lo que se ha visto en tantas ocasiones en películas y series que abordan el asunto criminal. Sin embargo, como se decía más arriba, ese protocolo difiere en algunas cuestiones de lo conocido y se advierten detalles sobre los que el espectador se pregunta si es una licencia del director o es así porque el sospechoso es un niño de tan solo 13 años.

Desde que se aprobó la Convención de Derechos del Niño en 1989 hay un consenso internacional en que el paso por un procedimiento penal compromete los derechos de la infancia y, por tanto, es necesario realizar una serie de adaptaciones en las instituciones para asegurar el derecho a un juicio justo de los menores de edad y garantizar su bienestar y su interés superior. Y esas adaptaciones son presentadas con gran sutileza en este primer episodio que, como se decía, a nuestro juicio describe bien cómo se inicia un procedimiento penal que, en la mayoría de los casos, como ocurre en *Adolescencia*, comienza con el sospechoso detenido bajo custodia policial.

4.2. Detención y traslado

La escena que abre la serie y que nos adentra al interior de la casa es violenta y quiere situarnos ante la gravedad de lo que ocurre. Comienza con la apertura de la puerta de la casa por la fuerza, sin llamar siquiera. El uso de las armas, el lenguaje agresivo y la intromisión en la vida de una familia, que todavía se está despertando, en busca de pruebas presentan una secuencia de alta tensión. Un pequeño detalle, el pijama mojado, rebaja el tono con el que el agente de policía le está explicando los hechos de los que le acusan y sus derechos. Y se recurre al padre para brindar ayuda al sospechoso. Entre los gritos de la madre, *Jamie* es sacado de su casa sin que su padre pueda acompañarlo. Este es el primer detalle que sobrecoge al espectador. "*¿Puedo ir con él?* pregunta el padre. "*Tendrá que esperar señor Miller, puede seguirnos después*".

En el coche policial *Jamie* reclama también a su padre, mientras insiste en que no ha hecho nada. El policía, con un tono menos severo que en la casa, le sugiere no decir nada, le recomienda pedir un abogado (en Reino Unido, aunque es muy excepcional, se puede renunciar a la asistencia legal- *waiver*) y le presenta a un personaje desconocido para los espectadores españoles, el "adulto responsable" como se ha traducido en la versión española, pero que la legislación inglesa (y la normativa internacional) denomina *appropiate adult*. En *Adolescencia*, en un primer momento, ese adulto apropiado es *Derek*, un trabajador social, cuyo rol no queda clarificado ya que su participación queda reducida a su mera presencia. Sin embargo, la legislación inglesa otorga a este profesional un papel relevante ya que es el garante de que se observen los derechos y se garantice el bienestar de las personas vulnerables durante la detención policial. Además, tiene como misión apoyar, asesorar y asistir al detenido vulnerable facilitando la comunicación y garantizando que comprenda sus derechos y supervisando que la policía actúa de forma correcta e imparcial. Es por ello por lo que su rol es muy importante para proteger a las personas en situación de vulnerabilidad, que, además, pueden tener un conocimiento limitado del proceso bajo custodia policial. Su misión es especialmente relevante en el interrogatorio policial ya que deben asegurar que el menor no proporciona información poco fiable o incriminatoria.

Una vez que se ha procedido a la detención oficial, ya en instancia policial, *Jamie* pide que el adulto responsable sea su padre. Es algo que la ley permite y sobre lo que actualmente existe un debate en Reino Unido. Existe la duda de si los familiares tienen la capacidad para ser adultos apropiados competentes ya que estos, como sus hijos, carecen de conocimiento sobre lo que es el procedimiento básico y los derechos que les asisten en situación de detención. Sin embargo, muchos menores, como le ocurre a *Jamie*, no dudan en escoger la protección de sus padres. Optan por el apoyo emocional de personas de confianza, mostrando menos interés por entender qué está ocurriendo o por comprender el alcance de las decisiones que debe adoptar o de la información que va a compartir. En este sentido, quizá la legislación europea adopta un enfoque más adecuado, al exigir que los padres o representantes legales estén siempre presentes, a no ser que el fiscal valore que hay alguna razón que lo desaconseje, otorgando a los letrados la misión de garantizar los derechos y de facilitar la comprensión del procedimiento.

Comunicar, informar y escuchar a un menor en un registro que pueda comprender no siempre resulta fácil, ni intuitivo. Por ello, la Directiva Europea 800/2016 relativa *a las garantías procesales de los menores sospechosos o acusados en los procesos penales* reclama una formación adecuada para que los operadores jurídicos sean capaces de comunicarse de manera efectiva con los menores infractores empleando, si fuera necesario, herramientas y documentos accesibles. En lo que sabemos, son pocos los avances que se han producido en la última década al respecto. La formación en herramientas de comunicación sigue siendo una tarea pendiente y ningún país dispone de documentos accesibles con validez legal que se estén aplicando para facilitar la labor formativa. En España la situación es similar a la del resto de países del entorno europeo y la formación a operadores jurídicos aborda solo las especialidades procesales por la condición de minoría de edad de los investigados y acusados y no contempla otras materias relevantes sobre Psicología o Criminología evolutiva y técnicas de comunicación eficaces en las entrevistas con menores de edad. Desde la perspectiva de las herramientas, tan solo el proyecto Hablemos Claro desarrollado por el grupo de Criminología y Delincuencia Juvenil de la Universidad de Castilla-La Mancha ha propuesto un paquete de documentos para informar a los menores de sus derechos y los trámites en los que se van a ver inmersos los menores de edad que se encuentran detenidos en sede policial. Actualmente está siendo evaluando en colaboración con la Guardia Civil.

El primer episodio de *Adolescencia* nos coloca ante la tensión que se vive en el sistema penal para conseguir que el procedimiento avance, pero con la exigencia de que se haga teniendo en cuenta la edad del menor y su necesidad de recibir un acompañamiento especializado.

4.3. Bajo custodia policial

El policía que recibe a *Jamie* en custodia muestra una actitud bien distinta a la rudeza advertida previamente en otros compañeros del cuerpo policial. A pesar de su aspecto hosco, pregunta con delicadeza, se asegura de que le han leído sus derechos, en especial, de que no tiene por qué declarar en su contra, de que comprende todo lo que le está explicando y le da la oportunidad de escoger como adulto responsable a uno de sus padres. Le explica las condiciones en las que estará detenido, por cuánto tiempo y le pregunta si se encuentra bien, si toma medicación o algo tan prosaico como si ha desayunado. A pesar del entorno y el uniforme, se advierte cuidado y protección hacia *Jamie*, trata de tranquilizarlo, lo refuerza con un "*buen chico*" y mantiene la calma ante la lógica falta de atención de un *Jamie* desconcertado ante la diversidad de estímulos en un espacio desconocido. En contraposición a la escena de la casa, la secuencia en comisaría transmite serenidad y protección, sin dejar de lado la firmeza. Y la pregunta que surge ¿esto es así? ¿es posible? El trato de los policías y de la enfermera demuestra que, sin prescindir del rigor en su trabajo, es posible deparar un trato cercano y protector. Para ello, no se recurre a grandes artificios, sino a explicarlo todo, cada fase, dar cuenta de lo que va a ocurrir y sus razones. Y hacerlo en un tono calmado y a acabar las frases con "hijo", "cielo" o "cariño", o a procurarle un desayuno de niños (los cereales que *Jamie* no llega a tomar). También el tacto para explicarle por qué es necesario hacer un registro integral de su cuerpo. Para algunos será lógico, se trata de un niño, para otros será innecesario. E incluso para algunos resulta inapropiado, ya que es un sospechoso de asesinato, para quien no es necesaria tanta atención y delicadeza.

Sin embargo, la investigación lleva varias décadas aportando pruebas científicas que demuestran la importancia que tiene dar un buen trato a las personas que interactúan con las autoridades legales, especialmente, a los infractores. El modelo *basado en el proceso* de Tom Tyler (2006) postula que cuando se produce una interacción entre una autoridad y un ciudadano, la cuestión va mucho más allá del asunto que se va a decidir o de la propia decisión final, puesto que está en juego la valoración que el ciudadano hace de su posición social y sus sentimientos de seguridad dentro del grupo. Así, la experiencia con las autoridades puede reforzar la idea de que este ciudadano es un miembro valioso y protegido por la sociedad o, por el contrario, puede enviar el mensaje de que su estatus social es marginal. Por eso, cuando las autoridades en el trato con los ciudadanos, en este caso con los menores infractores, reconocen su dignidad como personas y como miembros de la sociedad, fomentan el compromiso y la identificación de sus miembros con el grupo, lo que conduce a un comportamiento cooperativo voluntario en donde los ciudadanos aceptan las decisiones de la autoridad, no por miedo al castigo, sino por los incentivos obtenidos por la cooperación.

Esto es especialmente cierto en el caso de los adolescentes que, al encontrarse en una etapa de exploración de su identidad, tienden a responder fuertemente a las señales de aceptación o rechazo social. Por ello, es importante que el sistema brinde interacciones positivas que refuercen el sentimiento de pertenencia y su reconocimiento como miembros respetados y aceptados por la comunidad. De igual modo, la literatura científica pone de manifiesto que los menores infractores reclaman ser vistos por lo que son, de la misma manera en la que ellos y sus familias los perciben, como adolescentes, y no como criminales habituales. Así, especialmente desde Reino Unido, el movimiento denominado *Child First* demanda que la narrativa del sistema refuerce una imagen positiva de los jóvenes para que mejore su autopercepción, porque ello también facilita su integración social. De ahí que un trato que recuerde que son menores, que les dignifique como personas, se considera una estrategia poderosa con la que el Estado, a través de sus autoridades, ya está respondiendo al comportamiento infractor e interviniendo positivamente en la vida de los menores. Quien es respetado tiende a respetar con mayor convicción a los demás.

El plano secuencia es un recurso muy útil para mostrar el caos que es una comisaría de policía y las situaciones de sufrimiento y alta tensión que se gestionan cada día. En el paseo por las estancias policiales que la cámara nos brinda destacan dos momentos que merece la pena destacar. El primero es la entrada a calabozos que nos devuelve a la rudeza de lo que está ocurriendo. Los ruidos que sobresaltan a *Jaime*, los gritos sobrecogedores de otros detenidos o la austeridad y la soledad de la celda nos sitúan ante lo que se está llevando a cabo; posiblemente, el acto más violento que el Estado puede ejercer en un Estado de derecho, la privación de libertad de una persona cuando todavía no hay certeza de si es o no autor de los hechos de los que se le acusa. A pesar del cuidado y tacto de los profesionales, en la serie no se obvia el mal trago de la soledad de la celda en la que *Jamie* exhibe el comportamiento habitual de las personas detenidas. En esto nuevamente sorprende lo bien documentada que está la serie o lo acertada que resulta cuando nos muestra las situaciones complejas a las que se enfrenta un detenido en sede policial. Así, *Jamie* experimenta la intromisión que supone el registro integral que implica el desnudo y la exploración de su cuerpo, incluidas sus partes íntimas; algo que resulta intolerable e indigno para el padre. Pero también se muestra el sufrimiento por la vergüenza que muestra por su infantil miedo a las agujas, así como, lo que se han llamado *las penalidades de la privación de libertad* (Crewe, 2011), que se producen bajo custodia policial. Entre ellas, el aislamiento en un espacio desconocido y hostil –los ruidos y gritos encarnan bien esta sensación, la falta de control sobre la situación, el desconocimiento sobre las pruebas que existen en su contra. En definitiva, la incertidumbre sobre los acontecimientos, en donde el protagonista, como cualquier otro detenido, teme preguntar de más o de menos y la angustia de si su comportamiento puede revelar algo que luego pueda ser utilizado en su contra y le perjudique.

El otro momento destacado es la espera y la incertidumbre de los padres que, en un espacio intimidante, ante una institución desconocida para ellos, permanecen en estado de alerta ante cualquier información clara y precisa que calme su angustia. Cuando el inspector acude brevemente a verlos y asegurarse de que están bien, la madre le increpa por la violencia empleada, no solo con *Jamie*, sino con toda la familia. El policía, con cierta distancia emocional, aclara que tienen derecho a la queja, no sin antes recordarle que una cosa es que a uno le tiren al suelo y otra que le pidan que se agache para garantizar la seguridad. De nuevo la escena, deliberadamente o no, nos presenta el difícil ejercicio del uso de la fuerza legítima (o no tanto) por parte de los cuerpos policiales, que puede recurrir y recurre a ella en el ejercicio habitual de su trabajo, pero que es cuestionado por el ciudadano violentado. Posiblemente, ese cuestionamiento se produzca también entre los espectadores. Para unos, la policía se excede en el uso de la fuerza cuando entra en la casa de manera violenta sin elementos que la justifiquen, mientras que otros concordarán en que la gravedad de los hechos que se investigan lo justifican.

El inspector también plantea a los padres la cuestión de la asistencia jurídica. En esta escena los padres recrean bien lo que cada día sucede en las comisarías de policía. De entrada, el simple hecho de que se les indique que deben buscar un abogado, les lleva a pensar que es algo grave y que hay pruebas. Para la mayoría de los ciudadanos, decirle que pueden llamar a un abogado es un problema añadido: *"No, no tenemos ningún abogado"*, reconocen los padres del chico con una cierta humillación. El policía les brinda la posibilidad de asignarles a un abogado de oficio. Ante la cara de inquietud del padre, aclara que el abogado no trabaja para la policía y que defenderá los derechos de su hijo. Le recuerda que es un servicio gratuito, lo que también genera desconfianza en el padre porque, como dice, *"lo gratis es siempre lo peor"*. A pesar de los esfuerzos del inspector que trata de convencerles de la profesionalidad de estos letrados y aunque, como ocurre en la mayoría de las ocasiones, finalmente se llama a un abogado de oficio, sobre los padres se va cerniendo un peso insoportable de responsabilidad, que les hace dudar sobre si la toma de decisiones que están realizando rápidamente y en *shock* es la adecuada.

En todo caso, el tiempo que permanecen los padres en instancias policiales nos permite apreciar que su imagen del sistema penal va cambiando. Antes de la irrupción de la policía en su casa posiblemente no lo cuestionaban, pero esa entrada violenta (aparentemente injustificada y errónea) y el resto de procedimientos que siguen en el entorno policial empiezan a no convencerles. Empiezan a ver un sistema que arrebata la dignidad de su hijo y los deja vulnerables y fuera de juego en lo que empiezan a considerar el peor momento de sus vidas. Comienzan a comprender algo más lo que ha ocurrido tras la detención, cuando el padre visualiza el video y le confronta con la peor de sus sospechas.

4.4. El papel del letrado

La llegada del abogado nos devuelve a un terreno más conocido para los espectadores. Un señor trajeado, que conoce bien el sistema y al que reconocen en comisaría, entra en escena. En primer lugar, se acerca a saludar a los padres a quienes explica cómo serán las cosas e interroga sobre posibles quejas, en especial, sobre el uso de la fuerza. La rotura de la puerta se utiliza nuevamente como símbolo del efecto devastador que el comportamiento policial ha tenido en las vidas de esta familia, que en tan solo unos minutos ha despojado a sus miembros del sentimiento de seguridad e intimidad del hogar y los ha dejado expuestos a la mirada del vecindario que parecen tener permiso, no solo para mirar, sino también para juzgar la vida de esta familia.

Tras los escasos minutos que el letrado pasa con los padres, la cámara le acompaña para llevarnos a su entrevista con los policías. Esta escena puede pasar inadvertida para más de un espectador que tan solo, y si está muy atento, percibe cierto roce entre ellos. Sin embargo, se muestra una escena habitual entre policías y letrados, casi ritual, en la que los investigadores comparten la información de lo que se sabe hasta el momento con cuentagotas, como si desconfiaran anticipadamente de su interlocutor. "*¿Algo que deba saber yo?*", reclama el abogado de *Jamie*. Tras unas risas maliciosas del inspector llega la respuesta habitual: "*nada que te podamos contar ahora mismo*". Este momento del episodio escenifica la lucha diaria que mantienen letrados y policías por el acceso a la información en las comisarías de todo el mundo. Los abogados reclaman ese acceso para poder llevar a cabo una buena defensa y los policías lo niegan porque ello obstaculiza su trabajo de investigación. Especialmente en las primeras horas, para ellos es imprescindible controlar toda la información y así poder aprovechar su ventaja en la toma de declaración. Una ventaja que los letrados quieren recortar y que, especialmente los más bregados, pelean al máximo porque quieren tener acceso a los documentos y a la información recabada para diseñar una buena estrategia que proteja a su defendido. También es cierto que muchos, como el abogado de *Jamie*, dan esta partida por perdida porque la policía lleva años jugando a este juego y ha aprendido que quien tiene la información domina la partida. Por ello, para aprovechar su ventaja, no es infrecuente que los cuerpos policiales recurran a ejercer el poder que tienen sobre la situación. Así, ante la amenaza de un endurecimiento en las condiciones de la detención, especialmente su prolongación, los letrados claudican porque no quieren empeorar la situación de su cliente.

Esta situación no solo ha sido documentada por la investigación científica (también en España Fernández-Molina & Montero,

2022), sino que, al menos en el ámbito de la Unión Europea, se intentó regular para asegurar el derecho a una asistencia letrada efectiva a través de la Directiva 2013/48/UE *sobre el derecho a la asistencia de letrado en los procesos penales*. En España, este derecho europeo fue reivindicado en una célebre sentencia del Tribunal Constitucional (STC 7301/2014) donde el Colegio de Abogados de Madrid ganó el pulso a la Jefatura Provincial de Policía de la Comunidad de Madrid, consiguiendo el reconocimiento de que el acceso a la información esencial del proceso no implica solo que los cuerpos policiales compartan aquello que valoren que se puede compartir, sino que deben entregar el atestado para que el letrado pueda conocer los hechos y el alcance de las pruebas que la policía posee. Algo que en *Adolescencia* es evidente que no se comparte y permite mostrar a un detenido que miente descaradamente porque en ningún momento es conocedor del vídeo que presenta toda la verdad. De nuevo, para algunos espectadores, tener acceso a esa información previa puede parecer innecesaria porque los hechos hablan por sí solos, pero se trata de una garantía básica que a *Jamie* y a su letrado se les ha negado.

Sin embargo, la actuación del abogado no es negligente o no lo es siempre, más bien al contrario. La serie muestra parte de la compleja labor que también tiene un letrado defensor, especialmente un letrado de menores, de acompañar al menor en su trasiego, policial primero y judicial después. La entrevista con *Jamie* muestra a un profesional experto, que rompe el hielo de una manera quizá inesperada, desesperante (y equívoca) para el padre. Aunque hay un cargo de asesinato en juego, el abogado comienza la entrevista realizando preguntas triviales. Sin embargo, se trata de una estrategia deliberada. Quiere conocerlo, saber cómo se expresa, con qué "materia prima" cuenta. Y todo en un periodo muy corto porque no hay tiempo que perder. El letrado explica a *Jamie* cuál va a ser la estrategia, responder "*sin comentarios*" a todas las preguntas que le realicen en relación con los hechos. Y en tan solo unos minutos, y con algunos ejemplos, explica a su inteligente defendido la diferencia entre unas respuestas que lo protegerán de compartir información de más con la policía, de otras que permitirán mostrar una actitud colaboradora con los inspectores ofreciendo información trivial sobre quién es *Jamie*. Así, *Adolescencia*, en dos breves secuencias, muestra cómo los letrados defensores, entre sus múltiples funciones, cumplen también una misión fundamental de socialización legal que implica explicar los trámites procesales que se van a suceder y cómo actuar en cada uno, así como los derechos que le asisten en cada momento y cómo ejercerlos. Y esa labor de socialización no solo la lleva a cabo con el menor detenido, sino también con sus padres. De hecho, comienza nada más entrevistarse y continúa cuando el padre lo busca para pedirle consejo sobre lo que tiene que hacer y cuando le comparte sus miedos por lo que va a venir a continuación.

4.5. Competencia procesal

Al igual que el abogado, durante la estancia en comisaría se advierte también la preocupación por parte de otros profesionales por asegurarse de si *Jamie* entiende por qué está allí. Al menos en dos ocasiones es interrogado en este sentido, primero, por el agente que lo recibe a la entrada y, después, por la enfermera. Se le hacen preguntas y se le pide que parafrasee las palabras más técnicas. El objetivo es asegurar que *Jamie* comprende. El "*chico es listo*", se indica en sucesivas ocasiones. Sin embargo, aunque *Jamie* tenga un buen desarrollo cognitivo, e incluso, buenas habilidades intelectuales, comprender el sistema penal y las implicaciones de estar sometido a un proceso penal requiere un nivel de abstracción considerable.

De hecho, a la luz de la extensa investigación sobre el desarrollo psicosocial sería cuestionable que un chico de 13 años pueda comprender todo lo que hay en juego. La investigación ha demostrado que, para las personas ajenas al sistema de justicia, puede ser difícil entender la naturaleza y el alcance del sistema penal, la función de sus actores, el sentido de sus procedimientos o de los derechos que les asisten. Evidentemente, esta dificultad es mayor para quienes no han alcanzado todavía la madurez cognitiva que no llega hasta la primera juventud, en torno a los 20 años. De ahí que los profesionales tengan que realizar acciones adicionales para hacer comprensible un sistema que se maneja con un lenguaje muy especializado y unos códigos de conducta muy rígidos.

En esa línea, el Consejo de Europa en 2010 elaboró unas directrices sobre *Child Friendly Justice* con el objetivo de crear una justicia cercana, participativa y comprensible para los menores. Este comportamiento cuidadoso de los profesionales en *Adolescencia* es reflejo de esa nueva forma de trabajar en justicia juvenil, que no busca tanto una modernización de la justicia, como hacer posible el derecho a un juicio justo de aquellos que por su menor edad están en situación de vulnerabilidad.

4.6. Asumir la responsabilidad criminal

Jamie sostiene durante toda la serie que "no lo hizo" hasta que en los minutos finales se produce un giro final al comunicar a su padre que ha decidido cambiar su declaración, asumiendo entonces su culpabilidad. A pesar de que desde el primer capítulo existe un video claramente incriminatorio, *Jamie* no reconoce hasta el final que lo ha hecho. Más allá de que su negativa ayuda a mantener el suspense de la serie, la incapacidad del protagonista para asumir su responsabilidad en lo que ha ocurrido es uno de los hilos argumentales de *Adolescencia*. Tras el visionado del vídeo, no debería haber espacio para la duda y, sin embargo, *Jamie* no acepta su culpabilidad. ¿Miente deliberadamente? ¿para qué lo hace? ¿por qué le cuesta tanto asumir lo evidente, lo que aparece en las grabaciones? Para comprender su comportamiento, habría que tener en cuenta que se trata de la declaración de culpabilidad de un menor de 13 años, inmaduro y con escaso control de su conducta. Frente a la verdad del espectador adulto, está la verdad de *Jamie*. Su versión de los hechos. Su intencionalidad primigenia que posiblemente, no contemplaba matar a *Katie*. De ahí su repetido *"yo no lo hice"* cada vez que es preguntado por ello.

Cognitivamente, *Jamie* entiende que lo que hizo es muy grave, no tiene dificultades para comprender que un asesinato es un delito de la máxima gravedad. Cuando es interrogado sucesivamente por los profesionales no se aprecia dificultad para comprender que es un delito, e incluso, parece tener clara la razón de la reacción del sistema penal, el procedimiento que se ha abierto frente a él y el papel que tienen las autoridades. Esto puede apreciarse en su entrevista con la psicóloga forense. Pero su negativa a reconocer desde el principio lo que hizo introduce de soslayo el debate de hasta qué punto *Jamie* tomó la decisión racional de matar a *Katie*. Si asumimos que no hubo una decisión racional de matar a *Katie* (solo asustarla), quizá pueda entenderse la negativa a declararse culpable, porque, aunque los hechos tuvieron un resultado incuestionable, *Jamie* no se percibe como un asesino.

Aunque lo que narra *Adolescencia* es una ficción y no sabemos si un caso igual podría haberse producido en la realidad, es una situación plausible. A menudo los menores cuando se enfrentan al sistema penal tienen dificultades para que su versión sea escuchada porque lo que se discute en la sala de justicia es si la persona es o no autora de los hechos, no se juzgan los porqués o las razones de los autores. Esto es algo que puede ser desconcertante y frustrante para un adolescente, especialmente, si es tan joven como *Jamie*. Diferenciar lo que pasó de la intención que había, exige una capacidad para vincular causas y consecuencias más o menos probables. Para un adolescente puede ser difícil desvincularlo, especialmente, porque el control de su comportamiento en el momento de los hechos es más limitado de lo que parece.

Se ha aludido ya previamente a que la investigación neurocientífica ha demostrado que los sistemas y estructuras cerebrales involucrados en la autorregulación no maduran plenamente hasta mediados de la veintena. Es incuestionable que en el caso de *Jamie* el sistema que es responsable de su autocontrol, de la regulación de los impulsos, de la orientación a pensar en el futuro, de la evaluación de las recompensas y los costes de un comportamiento arriesgado es inmaduro, como corresponde a un niño de 13 años. La investigación científica sobre la maduración cerebral adolescente ha demostrado que los sistemas cerebrales responsables del razonamiento lógico y el procesamiento básico de la información maduran antes que aquellos que sustentan las funciones ejecutivas más avanzadas, así como los que se encargan de la coordinación del afecto y la cognición. Esto es, tienen la capacidad para tomar decisiones razonadas y guiar su comportamiento de una forma lógica, pero su inmadurez psicosocial bloquea o nubla ese entendimiento en situaciones particularmente excitantes o socialmente significativas para ellos. Por ello, se sugiere distinguir la capacidad para adoptar una decisión racional en contextos que permiten una reflexión lógica y pausada, en los que los adolescentes serían objetivamente competentes, por ejemplo, votar u otorgar el consentimiento informado en un proceso médico, de aquellos contextos con alta carga emocional, como puede ser la discusión entre *Katie* y *Jamie*, en los que la autorregulación sería más compleja. Esa situación de gran presión generaría serias dificultades para controlar sus emociones e impulsos.

Ahora bien, en los comportamientos adolescentes (también en los delictivos), no solo juega un papel esencial su madurez cerebral, sino también el espacio e importancia que tienen los pares en su vida diaria. De hecho, en contextos de intensa carga emocional, los adolescentes demuestran tener muchos problemas para no sucumbir a la presión de los iguales. En el caso de *Adolescencia*, aunque solo se plantea veladamente, los amigos, *Tommy* y *Ryan*, podrían haber tenido un rol más relevante del que parece, porque habrían podido alentar o presionar a *Jamie* para que actúe. Se sabe que sus amigos le acompañan durante toda la tarde hasta que *Jamie* queda con *Katie*, uno de ellos le facilita el cuchillo y juegan un papel para ocultar el arma homicida. De tal manera que *Jamie* no solo reacciona por sus impulsos sino también por lo que esperan sus amigos de él. Quizás, aclararle a *Katie* quién tiene realmente el poder o demostrar que es un hombre y que no puede tolerar el ostracismo y la humillación a los que ella le está condenando en el mundo que comparten.

Esas circunstancias que están detrás del comportamiento criminal de *Jamie* son parte de su verdad y, aunque el sistema no cuenta con considerar las motivaciones de los infractores al valorar su conducta, los adolescentes quieren que sean tenidas en cuenta porque para ellos explican sus actos y las razones de éstos. Esta gran distancia entre la verdad de los menores y lo que las autoridades legales dilucidan en el proceso penal, dificulta en parte la participación de los adolescentes en sus procedimientos. Se sienten incomprendidos y, de alguna manera, 'maltratados'. Consideremos o no sus razones, es esencial escucharlas. El Comité de Derechos de los Niños en la Observación general número 24 (2019) *relativa a los derechos del niño en el sistema de justicia juvenil*, insta a que los jóvenes participen en el proceso penal y que sean escuchados en todas las decisiones que les puedan afectar. Sin embargo, existen pruebas científicas que corroboran la incapacidad que tiene el sistema para que esa participación sea genuina. Los problemas se advierten, especialmente, en las declaraciones para asumir su participación en los hechos. De nuevo, estamos ante una toma de decisiones con alta carga emocional donde los menores actúan bajo mucha presión y la influencia de otras personas, sus padres o abogados, que tienen una visión más pragmática del caso y presionan con la incertidumbre del resultado final y la rebaja de condena que ofrece el fiscal. De ahí que, mayoritariamente, los adolescentes acaben aceptando acuerdos de conformidad, aunque no se demuestre que su participación en los hechos fue tal y como se presenta en el juicio.

En *Adolescencia* no tenemos mucha información sobre el cambio de opinión de *Jamie* y la decisión de modificar la declaración. Puede ser una decisión estratégica desde un punto de vista procesal ante la abrumadora evidencia que existe frente a él. Puede ser el inicio o la consecuencia de la intervención terapéutica que se está haciendo desde el centro, que parte del reconocimiento de lo que se ha hecho. Puede ser el resultado de la presión del sistema que durante los meses que dura la investigación, impone la verdad de los hechos, es un asesino porque ha matado a *Katie*, frente a las razones de *Jamie*, lo que le llevó a hacerlo.

5 El mundo adolescente

En el segundo episodio de la serie, la policía prosigue la investigación y trata de conocer más detalles sobre la posible motivación del asesinato yendo a la escuela de *Jamie*. *Jamie* y *Katie* eran compañeros y coincidían en algunas clases. De esta forma, la serie se adentra en el mundo adolescente y se pregunta por las relaciones que se producen dentro y alrededor de la escuela para comprender la vida de *Jamie* y *Katie* como adolescentes.

Es, quizá, la escuela (la denominaremos así como institución, independientemente del nivel educativo al que nos refiramos), el contexto que mejor puede ayudarnos a entender el mundo social de los adolescentes porque, de alguna manera, vertebra sus vidas y su vida social. En esa institución pasan entre 6 y 8 horas diarias, dependiendo de si el centro tiene comedor o de si se ofertan actividades extracurriculares, de manera que una parte importante de su vida, de sus experiencias y de sus relaciones ocurren y se desarrollan en o en torno a la escuela o en relación con ella. Algunas de las amistades más significativas se forjan allí e, incluso, algunas de las relaciones entre familias se tejen en torno a la institución educativa.

La serie nos presenta los dos grandes contextos de relación que ocurren en la escuela: el de los estudiantes con el profesorado y el que se produce entre compañeros de clase. Y, como en todos los episodios, en cada uno de esos contextos se sugieren múltiples capas de análisis.

5.1. El plano vertical: las relaciones con los adultos en la escuela

La escuela es la primera institución formal y burocrática a la que acceden niños y niñas que tiene, además, la fuerza legal para mantenerlos dentro de sus aulas. De hecho, el derecho a la educación es uno de los derechos esenciales de la infancia, pero también, hasta determinada edad, es una obligación. Asimismo, cuenta con la competencia y el respaldo normativo para evaluarlos, no sólo académica, sino conductualmente, y para imponer sanciones disciplinarias, si se considerara necesario. Aparte de ello, la sociedad y las familias han delegado múltiples funciones en la escuela: la guarda y custodia de los/las menores hasta los 16 años; la formación e instrucción para el futuro; y la transmisión de creencias, valores, expectativas y comportamientos que favorezcan su autonomía y adaptación social. En el cumplimiento de esas funciones, son diversos los adultos con los que se relacionan los adolescentes, como miembros de los equipos directivos o de los equipos orientación y personal de administración y servicios. Sin embargo, es el profesorado quien tiene el mayor contacto y más continuado con el alumnado y, por ello, representa más claramente a la autoridad en el plano académico, así como en el conductual y relacional.

La escuela actúa como un importante agente de socialización. Es decir, se configura como un espacio y un tiempo en el que se reproducen y transmiten saberes culturales, normas sociales y formas

de relación más o menos acordes con el entorno en el que viven las familias. De esta forma, la escuela ofrece una oportunidad para aprender a convivir con otros, para conocer y entender el mundo social y para educarse, pero es también una institución que permite disciplinar a los niños y jóvenes, de manera que conozcan y respeten las normas sociales y sus límites. Por ello, la escuela está siempre sometida a la tensión entre lo que la sociedad le requiere como institución, lo que los padres esperan y demandan, lo que el profesorado considera que debería ser su función principal y cómo los/las niños/adolescentes responden. De manera que está constantemente tratando de adaptarse a los cambios sociales, que marcan qué tipo de ciudadanos se quiere formar. En España, por ejemplo, las escuelas no son tan homogéneas ni jerárquicas como en otros momentos de nuestra historia reciente. Además, la etapa formativa para la adultez se ha ido ampliando y la educación obligatoria se ha alargado hasta los 16 años. Así, la escuela instruye y socializa a una población infantojuvenil cada vez más diversa y de mayor edad. A la par, los cambios en la legislación sobre educación se han sucedido con debates constantes sobre lo que la escuela debe ser y cómo debe actuar.

Como resultado de estas tensiones, cada cierto tiempo se plantean dudas sobre su eficacia socializadora, especialmente en lo referido a la transmisión del respeto a la autoridad y la conformidad a las normas y, más precisamente, en cómo lograrlo. En la serie, las dudas y preocupaciones actuales sobre la escuela se muestran sin ambages. A lo largo del episodio todo parece caótico, tanto los espacios, como la organización y las relaciones, que se presentan sin la estructura y el orden que se espera de una institución educativa. De hecho, los policías van a necesitar de una guía adulta (la señora *Fenumore*, profesora de primaria) que les ayude a moverse por el aparentemente confuso contexto escolar de *Jamie* y, posteriormente, será un guía adolescente (*Adam*) quien les ayude a entender la microcultura que se crea entre los iguales.

Durante la visita, se nos muestra a adultos sobrepasados o que parecen estar quemados con su trabajo, sin motivación suficiente para cumplir con sus funciones como educadores y como autoridades y, quizá, sin estructuras para hacerlo adecuadamente. Cuando le sugieren al director de la escuela de *Jamie* que deberían hacer sesiones de terapia para los chicos y chicas tras el terrible asesinato, él replica "*¿ahora somos trabajadores sociales?*". Una escueta frase que refleja el desacuerdo con ciertas funciones que se le han asignado a la escuela (como la necesidad de atender el estado emocional del alumnado), la resignación con que las asume y, seguramente, la sobrecarga que supone cuando no se disponen de los recursos necesarios para ello. Otro profesor, el señor *Malik*, hace un comentario terriblemente preocupante: "*Solamente soy tutor [...] Estos críos son un puto marrón [...] ¿Qué mierda puedo hacer yo?*". Detrás de este comentario podría estar un fenómeno de efectos profundamente negativos para el profesorado y para la escuela: la indefensión aprendida que resulta de experiencias continuadas sobre las que percibimos que no tenemos control.

En el ámbito escolar, un profesorado que percibe que lo que hace no tiene impacto, que es imposible manejar las clases o que ningún esfuerzo consigue cambios relevantes, se sentirá agotado, desbordado, frustrado y/o enfadado. Evidentemente, su docencia se verá afectada y, también, sus relaciones con el resto del profesorado y con el alumnado. Pueden reproducir estilos docentes autoritarios, despectivos o distantes como defensa, lo que aleja aún más al alumnado, afecta negativamente su proceso de aprendizaje y favorece su desinterés. Se crea así un círculo vicioso de profecías negativas, en las que el responsable siempre es el otro, que se van cumpliendo y dan lugar a un clima de tensión dentro del aula (y en tutorías) y un inadecuado manejo de los desacuerdos, los conflictos o la indisciplina. Como su papel socializador no desaparece, transmitirán a los adolescentes, sin pretenderlo, esos modelos erróneos de afrontamiento y resolución de conflictos y, además, desconfianza de los adultos y sus instituciones, no solo de la escuela.

El episodio ofrece una imagen tan desalentadora del entorno escolar que fácilmente alarmará a algunos espectadores/as, especialmente a padres y madres, y podría reafirmar, erróneamente, la percepción de que la escuela ya no enseña, no forma y no educa. Por ello, merece la pena prestar atención a las escenas que demuestran que la escuela sigue siendo una institución que socializa a niños y adolescentes y, en nuestro entorno, trata de modelar ciudadanos respetuosos con la democracia. Así, por una parte, vemos en el episodio a un profesor, el Sr. Garfield, que constantemente hace una labor de control. Quizá pueda pensarse que usa demasiada firmeza, sí, pero el control y la supervisión existen, están por todas partes: en el comedor, en los accesos a la escuela, en la pista de baloncesto y en los pasillos. Por otra parte, vemos, mayoritariamente, un trato respetuoso hacia los y las estudiantes por parte del profesorado o la enfermera, por ejemplo. Finalmente, la gran implicación de algunos profesores y profesoras, su preocupación por el alumnado, su esfuerzo por ofrecerles apoyo y buscar recursos queda reflejada en la escena en que la señora *Bailey* atiende a *Jade*, la amiga de *Katie*. Es evidente que conoce sus problemas familiares, su vinculación con *Katie*, su vulnerabilidad; la ve y la escucha. No resulta condescendiente, sino que es clara con ella, pero le propone una ayuda profesional que *Jade* rechaza: *"Otro loquero, no"*.

Y, en general, lo que vemos es lo que ocurre cualquier día en cualquier ciudad o pueblo: adolescentes asistiendo a clases, conformándose en gran medida con las normas escolares creadas por los adultos y buscando, también, pequeños momentos y espacios en los que escapar de su control. Además, rompiendo con el mito tan extendido de que *antes esto no pasaba*, la sargento *Clark* deja claro que su instituto era similar. Cuando el inspector *Bascombe* le pregunta por cómo sobrevivió, la respuesta es rotunda: *"¡por una profesora!"*. Expresa así su convencimiento de algo que la realidad, tozuda, demuestra una y otra vez: que también hay buenos profesores y profesoras. En España, los estudios muestran que la gran mayoría de chicos y chicas se sienten a gusto en el centro escolar y más del 60% cree que se puede confiar y pedir ayuda al profesorado (Díaz Aguado, 2023).

Así pues, a pesar de las dudas que manifiestan los adultos, el profesorado sigue siendo un referente entre los escolares, hasta el punto de que la opinión que transmiten sobre el alumnado influye en su rendimiento y en su reputación dentro de la escuela. Igualmente, cuando el alumnado percibe que los profesores los escuchan, les tratan de forma justa y les permiten participar significativamente en las decisiones sobre normas o actividades, se sienten más seguros y cómodos en clase y confían en el profesorado para pedir ayuda o consejo. Y esto es trascendental para entender la socialización legal que afectará al cumplimiento de las normas a lo largo de la vida. Sobre todo porque la interiorización de las normas, su valor social y las consecuencias de su incumplimiento es un proceso largo que se inicia en la familia y la escuela y que, paulatinamente, va permeando la relación y comprensión del resto de instituciones formales. En este sentido, la teoría de Tyler (2006), que se ha visto en el capítulo 3, es la aplicación al ámbito de la justicia de algunos procesos psicosociales generales que podemos observar en la escuela. Así, la conformidad es mayor cuando se participa en el establecimiento de las normas o cuando se interiorizan como garantes de la convivencia, y cuando la autoridad se percibe como legítima y cercana. Las interacciones con el profesorado son, pues, interacciones con la autoridad en las que se aprende sobre "trato justo", equidad y confianza en las instituciones.

Como hemos dicho anteriormente, a medida que avanza el episodio, se pone de manifiesto, además, que los adultos conocen solo una parte de lo que ocurre en la escuela. Para entender las dinámicas de relación entre el alumnado, dentro y fuera del centro, así como algunos de sus códigos y normas, el profesorado debe ofrecer cercanía y confianza, pues es el alumnado quien ha de contarles lo que ocurre en esos espacios y momentos en los que se zafan del control adulto. En la misma línea, la policía va a necesitar de un guía que pertenece al mundo adolescente y que confía en ellos lo suficiente para introducirlos en ese mundo. Ese guía será *Adam*, el hijo del inspector *Bascombe*, quien decide ayudarle porque "*es vergonzoso ver cómo andas metiendo la pata*". Su papel será desvelar la compleja vida social y emocional entre adolescentes, esa vida que los adultos de cualquier época, ya sean padres o profesores, no siempre consiguen ver o entender.

5.2. El plano horizontal: las relaciones con los iguales

Siendo importantes las relaciones con adultos, las que se tejen entre iguales, ya sean como compañeros o de amistad, resultan trascendentales en la etapa escolar, especialmente durante la adolescencia. En gran medida, las relaciones con iguales se crean en la escuela y, a menudo, se mantienen fuera de ese entorno, ya sean como relaciones de afinidad, rivalidad, rechazo, liderazgo, amistad, etc. Esto ocurre especialmente si la escuela está en el barrio/vecindario en el que vive el/la adolescente. De manera que lo que ocurre entre iguales dentro de la escuela no se queda allí, sino que se traslada al barrio cuando los adolescentes son vecinos, a la familia, a través de los/las hermanas que comparten centro escolar y de las relaciones entre padres y madres. También son relaciones que llegan hasta los contextos de ocio, como ocurre en la serie: *Katie* y *Jamie* son compañeros solo en la clase de lengua, pero se "hablan" por "insta" y el hecho violento ocurre fuera de la escuela, en el aparcamiento a escasos metros de esta. Igualmente, la hermana de *Jamie* no estaba implicada en nada de lo que ocurría entre ellos, pero su vida escolar acaba afectada por ello cuando la señalan como la hermana de *Jamie*.

En este sentido, los iguales en la adolescencia comparten tanto experiencias y aprendizajes ligados a lo académico y a la preparación para el futuro, como experiencias y aprendizajes vinculados a sus intereses presentes: pasarlo bien, ser aceptado/a, tener buena reputación, tener relaciones sexoafectivas, no estar solo/a. Es decir, tener relaciones significativas con iguales y pertenecer a un grupo que te reconoce como uno de los suyos es una parte importante de la adolescencia. No olvidemos que la necesidad de pertenencia es básica en el ser humano. El hecho de que esté ligada a la supervivencia hace que sea una necesidad universal e irrenunciable y que las personas, desde temprano, nos vinculemos a otras y estemos profundamente motivadas para conseguir ser aceptadas, valoradas y reconocidas como parte de algo que nos trasciende: familia, iguales, amigos, comunidad.

En la adolescencia, como momento crucial en el desarrollo de la identidad social, los adolescentes buscarán con ahínco formar parte de un grupo de iguales. Frente a las relaciones familiares, en las relaciones con los compañeros y amigos, cada adolescente debe ganarse la aceptación y la estima de los demás. Así pues, los y las adolescentes van a dedicar mucho tiempo y esfuerzo a ser aceptados por el grupo de los iguales. Lo ideal sería "gustar", pero, al menos, necesitan no ser ignorados, rechazados o expulsados de la vida del grupo. Nada peor en la escuela que ser un "*pringao*" o "*un puto friki*" como *Jade* se refiere a *Ryan*. Conseguir aceptación es un proceso complejo que depende de muchos factores. Algunos, como las habilidades sociales, son más manejables y pueden mejorarse en las propias interacciones con otras personas. Otros, como el temperamento, requieren de ayuda; por ejemplo, la timidez, la impulsividad o la agresividad dificultan las relaciones con los iguales. Finalmente, otras, como el atractivo o el desarrollo físico, pueden requerir de aceptación propia y se puede convertir en fuente de malestar e incluso de trastornos psicológicos. En general, son populares los y las adolescentes extrovertidos, sociables, divertidos, afables, pero también los que tienen "estilo" o pertenecen a determinada clase social, pues la clase social ofrece oportunidades diferentes en todos los ámbitos de la vida. Por tanto, la aceptación depende de una combinación de características individuales y sociales que varían de un contexto a otro. Pero, además, requiere de aprender a comportarse y a pensar como un adolescente; es decir, hay que "encajar". Encajar en el grupo implica, a veces, renunciar u ocultar las propias ideas, gustos, intereses y conformarse con algunas de las normas del grupo de iguales. Los grupos de iguales desarrollan normas que les identifican y les diferencian del mundo adulto y también de otros grupos de iguales. Crean así una microcultura adolescente que incluye códigos de comunicación y conducta, referencias culturales y espacios propios de interacción, como los lugares de ocio; y, en la actualidad, los juegos on-line y las redes sociales.

Solo unos pocos son líderes o populares pero, afortunadamente, la mayoría consigue niveles de aceptación que consideran "aceptables". Algunos, en cambio, son o se sienten ignorados, rechazados o excluidos. Ese rechazo se asocia a múltiples resultados adversos: malestar físico, ansiedad, depresión, bajo rendimiento escolar, aislamiento, evitación de las relaciones sociales e, incluso, conductas antisociales. Además, las personas impopulares tienen más riesgo de ser molestadas o maltratadas, por otros compañeros. Precisamente la serie comienza con un mensaje de *Adam* a su padre pidiéndole que le permita faltar a clase porque le duele la tripa, "*como la otra vez*". Se trata de un síntoma muy común entre quienes se sienten rechazados o maltratados. Lo primero que oímos en la serie es, pues, la voz de *Adam* pidiendo ayuda, pero en ese momento nos falta contexto para saber que la necesita. En el episodio segundo veremos como un compañero le llama "*gilipollas*" y le trata de forma despectiva, y otro, *Fredo*, le exige dinero de forma amenazante. Así, el malestar de algunos adolescentes por sus relaciones con los iguales y su desconocimiento por parte de los adultos de referencia es el hilo que conecta los dos episodios. Porque *Adam* no es el único que no es popular. A medida que los agentes van preguntando y conociendo más sobre las dinámicas de relación en la escuela de *Jamie*, descubrimos que *Jamie* y sus amigos, *Ryan* y *Tommy*, tampoco lo eran. Cuando el inspector *Bascombe* habla con *Ryan* en la enfermería tratando de obtener información sobre el asesinato, toda la conversación gira en torno a la reputación: "*¿Ser popular te importa, Ryan?*" "*Pues claro*", contesta él. Y a su vez, *Ryan* le pregunta al inspector "*¿Era (usted) muy popular? ¿Con las chicas y todo eso?*" Así que ser popular es importante, pero si te gustan las chicas, ser popular entre ellas supone estar en el nivel superior de la reputación.

¿Y *Katie*? ¿era popular? Tampoco lo parecía. Aunque niños y niñas la recuerdan con flores, mensajes y peluches, sólo *Jade* parece estar en duelo: "*era mi mejor amiga, la única a la que le gustaba que yo fuera como soy*". En ese contexto de escasa reputación de todos los implicados, *Jamie* se sintió atraído por *Katie,* pero ella no se sintió atraída por él, ni siquiera ligeramente interesada. Según *Jade, Katie* "*no quería ni acercarse a él*". Más allá del dolor de no gustar a quien te gusta, *Adam* revela que podría haber existido una situación de maltrato o acoso por parte de *Katie*, lo que resulta muy perturbador para el espectador, pues lo que parecía un "rollo adolescente" se torna en una relación dañina de desprecio y humillación. Como espectadores, este giro de guion con respecto a lo único que parecía una certeza en el caso, quién hizo daño a quién, nos deja aturdidos. El acoso escolar forma parte de un fenómeno más amplio que existe en todos los centros y que parece acompañar a la escuela desde sus inicios: la violencia escolar.

5.3. Víctimas y victimarios en la violencia escolar

La violencia escolar hace referencia a cualquier conducta dentro del entorno escolar o vinculada a las relaciones escolares, que busca hacer daño intencionadamente. No hay que confundir la violencia escolar con las conductas perturbadoras en la escuela que incluyen conflictos, indisciplina, interrumpir en clase o el desinterés académico, que pueden resultar molestas, pero no buscan intencionadamente causar un daño físico o moral. La violencia escolar adopta muchas formas y se ejerce de manera directa e indirectamente. Entre otras, la violencia física, sexual, verbal, económica, psicológica, reputacional, aislamiento y ostracismo. Además, como veremos en el siguiente punto, los avances tecnológicos han ampliado los contextos en que se produce la violencia escolar, de manera que, en la actualidad, no solo ocurre en la escuela o el barrio, sino también *online*.

Si hablamos de la incidencia de la violencia escolar, ocurre de forma cotidiana en la escuela, pero solo afecta puntualmente a la mayoría de los escolares que se ven implicados como víctimas y/o victimarios eventualmente en pequeñas riñas, burlas o insultos. Desafortunadamente, esa violencia se torna, en ocasiones, frecuente y afecta a ciertos jóvenes de manera repetida en el tiempo. Se convierte así en acoso, intimidación o *bullying* (ciberacoso o *ciberbullying* cuando ocurre *online*). Existe una gran variedad de definiciones de acoso o *bullying*, pero está ampliamente aceptada la definición de Olweus (1993) que la caracteriza como una situación de *abuso de poder* por parte de un alumno o grupo de alumnos sobre un compañero que no puede o no sabe defenderse, de ma-

nera *repetida* y *mantenida* en el tiempo, con la *intención* de causarle un daño. Más recientemente, se ha propuesto que el acoso se caracterice exclusivamente por el daño, el desequilibrio de poder y la conducta orientada a un objetivo; es decir, por ser estratégica, ya sea para conseguir estatus, reputación o recursos (Volk et al., 2014). Sin embargo, la mayoría de los académicos y profesionales siguen considerando esencial que el maltrato sea recurrente.

De acuerdo con estas definiciones, en España, por ejemplo, un estudio de 2023 encontró que alrededor de un 20% de escolares ha sufrido alguna forma de violencia. En cambio, si hablamos de acoso, alrededor de un 6% sería víctima de acoso y un 2% acosaría a otros (Díaz Aguado et al., 2023). La mayoría de las agresiones son de carácter verbal o relacional (burlas, motes, ignorar a propósito, excluir) y están relacionadas con el aspecto físico, con la sexualidad y los estereotipos de género, con no tener apoyo o ser impopular (como en el caso de *Adam*) y con racismo/xenofobia. El estudio concluye que la diversidad sexoafectiva (y, por tanto, todas las personas LGTBIQ) y la discapacidad incrementan significativamente el riesgo de sufrir violencia.

Si la adolescencia es una fase en la que se conforma la identidad, podemos asegurar que el acoso escolar altera de forma profunda y duradera el desarrollo de quienes lo sufren: les puede generar preocupación, rabia, miedo, tristeza, resentimiento, indefensión, aislamiento, pensamientos negativos y puede propiciar cambios de conducta, problemas familiares y escolares, trastornos alimentarios, insomnio, ansiedad/depresión e ideación suicida entre otros problemas. También el desarrollo de quienes agreden a sus iguales se ve comprometido, teniendo una mayor probabilidad de resultados adversos hasta la edad adulta, como rechazo social, problemas de salud mental o implicación en actos delictivos (Klomek et al., 2015). En conjunto, todo el clima escolar se deteriora.

Parece que, en el comportamiento de *Katie*, sí se podría hablar de acoso. No solo rechaza a *Jamie*, sino que lo expone en las redes y lo somete al escarnio público a través de *emojis* en *Instagram*, lo que generó hasta 15 mensajes etiquetándolo como un "*incel*"; es decir, alguien que desea relaciones afectivosexuales con las chicas, pero es rechazado por ellas y, lo que es peor, dando a entender que lo será siempre. Ella le gusta a él, lo que le otorga a *Katie* cierto poder en el grupo frente a *Jamie*. Tanto el uso de "Insta", el significado de los *emojis* o la etiqueta de *incel* son reflejo de los códigos de comunicación y relación de los adolescentes que *Adam* descifra para su padre y, de paso, para los adultos que vemos la serie. La extrañeza con la que vamos siguiendo la interpretación de lo que ocurría entre ellos en *Instagram* es el mismo desconcierto con que los adultos miramos siempre las formas de expresión y comunicación de los jóvenes. Ha ocurrido en todas las generaciones y así seguirá sucediendo. La percepción de cierta brecha generacional acompaña al proceso de hacerse adulto, porque nos adaptamos a los códigos adultos y, además, seguimos comunicándonos con nuestros iguales con los códigos de nuestra adolescencia. Pero recordemos que, si bien *Instagram* es una herramienta nueva, la violencia escolar y el acoso no lo son, ni siquiera son más prevalentes en la actualidad en España (Moreno et al., 2025) aunque, afortunadamente, sí que son fenómenos mucho más visibles que hace unos años.

Los adultos tienden a pensar que el acoso escolar se reduce a un/a adolescente, el victimario, que maltrata a otro/a con menos poder, la víctima. Sin embargo, como bien plantea la serie, la dinámica del acoso es mucho más compleja. Por una parte, el acoso es un fenómeno grupal en el que participan, de diferentes formas y con distintos grados de implicación, el resto de los/las compañeros de acuerdo con normas grupales compartidas sobre cómo se debe actuar en estos casos (no hay que chivarse), creencias sobre por qué ocurre e interpretaciones sesgadas sobre las víctimas y las razones por las que lo son (es un *pringao* o un lerdo; no sabe defenderse, etc.). Una parte de ellos actúa como espectadores: conoce lo que ocurre, pero no hace nada para parar ese acoso, sino que se callan de acuerdo con una especie de "ley del silencio". Al final, su inacción no resulta inocente dado que valida y refuerza al victimario, aísla a la víctima y genera una complicidad dañina para todos. Otros, sabedores de que quienes agreden consiguen un mayor estatus grupal que las víctimas, que suelen ser estigmatizadas por el grupo, van a encontrar su lugar jaleando, aplaudiendo las situaciones violentas, provocándolas, incluso. En la serie, Fredo y un compañero de la clase de *Jamie* representan a estos jaleadores cuyas burlas y agresiones no llegan a ser consideradas suficientemente importantes para emitir una queja o iniciar actuaciones, pero que tienen un papel importante en la normalización de la violencia. Finalmente, otra parte de estudiantes apoya a las víctimas, pero no siempre buscan ayuda para intervenir, pues supone recurrir a los adultos y ser etiquetado como "chivato". Las propias víctimas no dan a conocer el problema por vergüenza, culpa, miedo a nuevas agresiones o temor a un mayor rechazo del grupo. Finalmente, los adultos, en opinión de los escolares, no siempre detectan el problema, tal y como ocurre en la serie con respecto a *Katie* y *Jamie*, o le quitan importancia.

Por otra parte, la complejidad del acoso se materializa en un significativo solapamiento entre hacer y sufrir daño en la escuela. Es decir, las experiencias de victimización y de perpetración coocurren en una parte de los adolescentes. Por tanto, la situación que se plantea en la serie con una víctima, *Katie*, que resulta que maltrataba al victimario, y un victimario, *Jamie*, que a su vez había sido víctima de su compañera, es más común de lo que los adultos suelen creer y, como hemos dicho, se sostiene en y afecta a las relaciones grupales entre iguales. Esta concurrencia en la posición de víctimas y victimarios también permite acabar con la visión dual que tenemos de los adolescentes como inocentes o problemáticos. Son seres humanos viviendo una etapa de vulnerabilidad y de búsqueda de identidad; aprendiendo a manejar la presión social, y descubriendo la posibilidad tanto de amar como de dañar, de ser responsables o terriblemente impulsivos.

Una de las razones por las que se puede producir el solapamiento víctima/víctimario tiene que ver con una dinámica reactiva; es decir, se da una respuesta agresiva, inducida por experiencias previas de victimización, dentro y fuera de la escuela. Un trabajo reciente ha encontrado, que quienes primero son víctimas y después agreden, reinterpretan las agresiones que llevan a cabo como "merecidas" (Menesini & Salmivalli, 2017). Esta y otras estrategias de desconexión moral parecen ser mayores en chicos. De hecho, en un episodio posterior, comentando la humillación y el acoso de *Katie*, *Jamie* llega a decir: "*Era para matarla, pero no lo hice*". En la escuela de Jamie, quien mejor representa a estas personas dañadas que dañan a otras es *Jade*. *Jade* está en duelo por su amiga, vive una situación familiar complicada y también está terriblemente enfadada con el mundo; es hostil con la mayoría de los adultos y pega con mucha rabia a *Ryan* en el patio, acusándolo de haber matado a *Katie*. Al igual que en la investigación citada, presenta tanto problemas de externalización (agresión) como de internalización (malestar emocional), y justifica haber pegado a *Ryan* como "cosas de críos". Esta reacción de *Jade* nos deja, además, otra pista sobre el caso: en el patio se sabe algo sobre *Ryan* y el asesinato, que los adultos desconocen. Más tarde se descubrirá que *Ryan* era el dueño del cuchillo que usó *Jamie* contra *Katie*.

Sin embargo, el solapamiento víctima/victimario no debe entenderse como el resultado de un proceso que va necesariamente de la victimización a la agresión. Eso ocurre en ocasiones, pero no da cuenta de todo el fenómeno. *Jamie* no parece un caso como el de *Jade*. De hecho, él llevó un arma para "asustarla" y, aunque no sabemos cuál era su objetivo asustándola, lo había. Por ello, su conducta es más proactiva que reactiva. En este sentido, no existen todavía buenas explicaciones sobre cómo y por qué ocurre el solapamiento víctima/victimario, pero es un fenómeno tan bien establecido que debe ser tomado en consideración de cara a la prevención e intervención en situaciones de acoso. Así, los programas de sensibilización y de formación dirigidos a familias y docentes deberían incidir en esta realidad, de manera que sus actuaciones no se centren en identificar agresores y víctimas, sino en entender la dinámica grupal en la que ocurren las situaciones de acoso y estar atentos a los daños que sufren quienes participan. Etiquetar como agresor o víctima a quienes, en realidad, unas veces hacen daño y otras lo sufren se percibe como injusto por el conjunto de escolares, refuerza su idea de que los adultos "no se enteran" y reduce su confianza en ellos para parar el acoso.

La serie, de hecho, no cae en el recurso fácil de etiquetar a *Katie* o *Jamie*, sino que prefiere exponer relaciones y procesos. Cuando los espectadores están tratando de responder a esa pregunta tan común y tan poco acertada (pero, ¿quién es "el malo" aquí?) y salir de su aturdimiento, el inspector *Bascombe* consigue acercarse a su hijo *Adam* y los vemos irse a comer juntos. Parece que esa subtrama tiene un final feliz. Nos transmite la esperanza, real, de que cuando alguien "ve" que algo ocurre, el ciclo de violencia se puede romper. Inmediatamente después, la cámara sobrevuela el barrio y vemos a *Eddie*, el padre de *Jamie*, visitar el lugar del apuñalamiento y dejar unas flores. Ese conjunto de ofrendas –flores, peluches, velas–, en torno al lugar donde murió *Katie* permite canalizar y socializar la sorpresa, la tristeza individual, pero, quizá, también algo de culpabilidad. Una canción infantil coral, que nos recuerda que son niños, acompaña la escena; es la voz de *Katie* la que entona la estrofa final. Un padre desolado y un canto solitario, porque cuando nadie lo ve, el daño puede ser irreparable.

5.4. Fuera del espacio y del tiempo: la vida social adolescente también ocurre online

La vida escolar y, en conjunto, la vida social ya no ocurre únicamente a través de interacciones cara a cara, sino de forma virtual, gracias al desarrollo de la TICs. Como se muestra en la serie, la construcción de la identidad durante la adolescencia, así como la búsqueda de reconocimiento y de reafirmación, la necesidad de encajar en el grupo, de ser anónimos, pero al tiempo de llamar la atención del otro, se traslada a las interacciones virtuales configurando redes sociales que, a menudo, son las mismas redes de iguales de la escuela o el barrio. De manera que todas las dinámicas, positivas y negativas, ocurren simultáneamente cara a cara y virtualmente, retroalimentándose entre sí.

La serie nos alerta sobre la influencia de las redes sociales en el asesinato de *Katie*, en particular, sobre la radicalización en redes de la cuestión *incel* (vid. capítulo 5 *in extenso*). De un lado, se han convertido en imprescindibles formas de relación entre adolescentes y jóvenes en formato 24/7 y, a ser posible, a espaldas de sus adultos de referencia. Como forma de comunicación específica, grupal, inmediata, anónima o no, pero, en todo caso a distancia, las redes se consolidan como una vía para mantener las interacciones cuando no es posible estar en el mismo lugar o para relacionarse de otra manera cuando se está en el mismo espacio. También puede servir para construir identidades ficticias en el mundo *online*, para ser otro cuando la identidad real no gusta o no convence. Como cualquier red social, las comunidades virtuales pueden ser estimulantes, protectoras, alentadoras para los adolescentes.

Pero también pueden hacer daño. Precisamente, la crítica que se suele volcar contra las redes es que estas plataformas permiten manipular, agredir y acosar (casi impunemente) ante un público silente que consiente o que jalea, como ocurre en la escuela. Es una herramienta que abre las puertas a la imaginación, pero, como sabemos, a veces la imaginación produce monstruos. Y, aunque se define como virtual, es un reflejo y una continuación de lo que ocurre en el mundo real, con consecuencias reales, que pueden ser fuente tanto de satisfacción como de sufrimiento. Con una mirada adultocéntrica nos preguntamos: ¿tanta relevancia tiene una ofensa online como la que recibió *Jamie* de *Katie*? Y, sí, efectivamente, parece que la ofensa se produce al más alto nivel, en la palestra pública de la red que llega con inmediatez a todos, conocidos o no de *Jamie*. Otra cosa es si esa reacción es proporcionada o si se podría haber evitado.

6 ¿Qué hay en la mente de un (homicida) adolescente?

El tercer episodio de la serie es uno de los que más interés ha despertado. Todo el episodio se centra en la entrevista que mantiene Jamie con la psicóloga forense contratada por la defensa. Para muchos es el que permite conocer al verdadero *Jamie* porque emergen facetas desconocidas e imprevistas del chico cuando es confrontado con lo que no le gusta de sí mismo o de sus relaciones. El éxito del episodio quizá radica en que es el momento en el que, aunque no por completo, se intentan dar pistas sobre aquello que solo él conoce, sobre por qué mató a *Katie*.

6.1. Desarrollo psicosocial y responsabilidad penal de menores

La entrevista que mantiene *Jamie* con *Briony Ariston*, la psicóloga forense, forma parte de la rutina habitual del proceso penal de menores. Como en España, en Reino Unido se contempla que el juez de menores disponga de un informe sobre la situación psicosocial del menor a la hora de adoptar una decisión sobre el castigo. Así, el juez puede decidir teniendo cuenta, no solo el delito cometido y las circunstancias en que se cometió, sino cómo es su vida familiar y escolar, su entorno directo (su barrio y sus amigos), si tiene algún problema de salud (en especial de salud mental), si hay historial delictivo previo o valorar cuál es su riesgo de reincidencia. Este interés por tener una radiografía de la vida de los menores infractores no es casual, forma parte del modelo de gestión del riesgo que impera en la justicia juvenil de la mayoría de los países occidentales. Este modelo, que se fundamenta teóricamente en el modelo *Risk-Need-Responsivity* (RNR) de Andrews y Bonta (2006), permite identificar a aquellos jóvenes que tienen riesgo más alto de seguir delinquiendo e identifica las necesidades criminógenas sobre las que habría que centrar la intervención que se lleve a cabo. El éxito de este modelo, que cuenta con fuerte aval empírico, deriva en gran parte de la racionalidad que aporta a la elección y aplicación de los castigos. Sin embargo, se sabe poco sobre el éxito real en la prevención de la reincidencia. Además, los jóvenes son evaluados exclusivamente desde la perspectiva del riesgo que suponen y se olvida en gran medida de la misión que tiene la justicia juvenil como un instrumento de justicia social, que coloca a los menores y su bienestar en el centro de toda la actuación.

En España son informes no muy exhaustivos que se elaboran por norma general tras unas breves entrevistas mantenidas con los tres miembros del equipo técnico –compuesto por profesionales de la Psicología, la Educación social y el Trabajo social– que previamente han recopilado toda la información disponible sobre el menor acusado. No se trata de un informe individual, sino realizado por un equipo interdisciplinar en el que el trabajador/a social evaluará el entorno social (variables familiares, sanitarias, habitacionales, drogodependencia y cuestiones que atañen a servicios sociales), el psicólogo valora la situación psicológica del menor y de su entorno y el educador se focaliza en la situación personal del menor y en las vías para lograr su responsabilización. Aunque se trata de un informe no vinculante, en tanto que no es una prueba forense, sí que tiene una enorme influencia ya que, como veíamos, orienta al juez sobre las necesidades del menor y le permite optar por el castigo más apropiado, en un esfuerzo por individualizar la respuesta. Basta apuntar que, según la legislación española (LO 5/2000), el menor tiene derecho a la asistencia por parte del Equipo Técnico, que puede realizar propuestas de intervención socio-educativa cuando, durante la investigación, detecta carencias que requieren respuesta urgente. En *Adolescencia*, la psicóloga lo único que hace es aconsejarle que se acoja a los servicios de salud mental, pero no interviene y mantiene una distancia profesional que *Jamie* no llega a comprender del todo.

En *Adolescencia*, el juez dispondrá de dos informes realizados por psicólogos, el que realiza el sistema de justicia juvenil y otro independiente que va a realizar *Briony* a instancia de la defensa de *Jamie*. El objetivo es *"explicarle quién eres tú"*, *"y saber si entiendes de lo que se te acusa"*, le dice la psicóloga a *Jamie*. El hecho de que tenga tan solo 13 años implica que este informe debe abordar especialmente su madurez y sus capacidades cognitivas por si comprometen su competencia procesal *"estoy aquí para intentar entender qué entiendes tú"*, le dice. Es la quinta entrevista que mantienen ambos. A juzgar por uno de los guardias quizá son demasiadas, dado que el otro psicólogo ya ha emitido un dictamen. Pero *Briony* necesita al menos una entrevista más. Cuestionada por el guardia, manifiesta su preocupación por hacer una evaluación correcta, no rápida. Por eso, lleva a cabo esta nueva entrevista donde indaga sobre la figura del padre y su masculinidad (ver capítulo 8 *in extenso*).

Más allá de lo que se muestra en este episodio sobre quién es *Jamie* y lo consciente que es de lo que ha hecho, habría que aclarar una cuestión: en la mayoría de los países del mundo occidental *Jamie* hubiera sido declarado inimputable automáticamente por no tener todavía 14 años. Sin embargo, en Reino Unido las cosas funcionan de manera diferente, especialmente desde que el caso *James Bulger* dejara conmocionada a la sociedad británica y se tomara la controvertida decisión de abolir la presunción de *doli incapax* para los menores de entre 10 y 13 años. Hasta ese momento la legislación británica, siendo una excepción en el mundo occidental, asumía que los niños de 10 a 13 años eran presuntamente *doli incapax*, esto es, se asumía que no entendían que lo que hacían estaba mal. Si bien se daba potestad a la fiscalía de rebatir esta presunción si demostraba que el menor sí comprendía la gravedad moral del acto, como ocurrió en el caso *Bulger*. Pero, tras el debate público generado por este estremecedor caso, en 1998 la *Crime and Disorder Act* determinó que a partir de los 10 años los menores son responsables penalmente, sin necesidad de probar si comprenden que lo que han hecho está mal. En España, las cosas ocurren de manera algo diferente. De entrada, un menor que no ha cumplido los catorce años no es responsable penalmente; y es una presunción absoluta, porque no cabe prueba en contrario. Aunque sí que implica una remisión y revisión del caso por las instituciones de protección de la infancia que propondrán una intervención educativa al menor y, en su caso, a su familia.

Por lo tanto, aunque en otro país *Jamie* habría salido impune por su falta de responsabilidad penal, en Reino Unido es sometido a un proceso. De hecho, está en internamiento cautelar y, aunque se desarrolla en un centro educativo, *Jamie* considera que es como *"un manicomio"*, pues el resto chicos *"no están bien"*. *Briony* le aclara que los centros para menores en internamiento cautelar a la espera de juicio son para chicos de 15 años y no son seguros para él. Por primera vez, se plantea una cuestión eludida hasta el momento en la serie que en este episodio se aborda tímidamente. Una cuestión que ha esquivado también la sociedad británica al asumir sin ambages que menores entre 10 y 13 años puedan responder penalmente por los hechos cometidos. ¿Tiene *Jamie* capacidad para responder penalmente por lo que ha hecho? A lo largo de la entrevista se hace dudar al espectador *"¿por qué has dicho que está muerta, así?"* –pregunta *Jamie* generando dudas sobre si es consciente de lo que ha pasado– *"porque lo está"* –responde *Briony* recordando el alcance de lo sucedido. *"Yo no la maté"* –dice en otro momento– *"¿entiendes lo que es la muerte, Jamie?"*.

Para considerar que una persona es culpable hay que hablar tanto de imputabilidad, es decir, de la capacidad del joven para comprender el delito (elemento intelectivo) y querer cometerlo (elemento volitivo), como de reprochabilidad, que se refiere a la posibilidad de conocer que el comportamiento estaba prohibido y a la imposibilidad de actuar de otro modo (que es lo que hace que le sea exigible la obediencia a las normas). Como se decía en el capítulo 3, según los conocimientos actuales de la Psicología del desarrollo y la Neurociencia, la capacidad para comprender, querer y guiar el comportamiento no solo depende del desarrollo de las capacidades de razonamiento, sino también del desarrollo psicosocial (Steinberg, 2013). Existe un amplio consenso en la comunidad científica que reconoce que la capacidad de razonamiento formal se alcanza en torno a los 16 y 17 años, confirmando que es durante la adolescencia cuando las habilidades intelectuales van a permitir a los jóvenes pensar de un modo más abstracto.

Pero la toma de decisiones y la conducta no dependen únicamente de la capacidad de razonamiento, sino también de lo que se ha denominado madurez psicosocial, que hace referencia a la capacidad de inhibir conductas o contenerlas ante estímulos excitantes o altamente reforzantes. Es decir, la madurez psicosocial implica la integración y regulación de procesos socioemocionales. Se ha demostrado que existe una brecha madurativa entre el desarrollo del sistema socioemocional de recompensa, que ocurre de forma temprana, y el desarrollo del control cognitivo, que se desarrolla de forma más lenta (Shulman et al., 2016). Así, los hallazgos científicos indican que el sistema de recompensa está muy activo durante la adolescencia, asociado a los cambios puberales, lo que impulsa a la búsqueda de experiencias y emociones novedosas. En cambio, el sistema que es responsable del autocontrol y de la regulación de esos impulsos, de la orientación a pensar en el futuro, de la evaluación de las recompensas y los costes de un comportamiento arriesgado, así como de reconocer e interpretar las señales sociales sigue madurando de forma significativa hasta bien entrada la primera edad adulta (sobre los 25 años).

Como consecuencia de esta inmadurez psicosocial, los jóvenes y adolescentes suelen tener dificultades para controlar sus impulsos, especialmente en situaciones emocionalmente excitantes o muy reforzantes, como ocurre cuando se está con amigos o iguales. En esos casos, se ha observado que incluso los jóvenes de 18 a 21 años muestran, todavía, niveles de comportamiento impulsivo y patrones de actividad cerebral comparables a los de los adolescentes más jóvenes. Además, al tener menos experiencia vital, tienen un menor conocimiento sobre las implicaciones de sus decisiones y han tenido menos oportunidades de aprendizaje sobre las consecuencias de sus conductas.

A la vista del conocimiento actual que ha aportado la Neurociencia, citando a Hassemer (2011), es cuestionable saber si "un ser humano pudo actuar de otro modo en la situación en la que cometió el hecho". Sin embargo, este conocimiento ha supuesto un replanteamiento de la culpabilidad y algunos países como Estados Unidos, alegando estos hallazgos científicos, han revisado su legislación declarando la inconstitucionalidad de la pena de muerte y la cadena perpetua sin posibilidad de libertad condicional para menores de 18 años. Este debate y el conocimiento actual deben ser valorados antes de emitir un juicio sobre 'chicos listos' que saben lo que hacen, porque la madurez y por tanto la capacidad de culpabilidad, no se limita a la comprensión intelectual de que lo que se hizo, estuvo mal.

6.2. Un homicida adolescente ¿es un psicópata?

Como se ha señalado, *Briony* debe elaborar un informe previo a la sentencia para que el juez pueda adecuar mejor el castigo teniendo en cuenta las especificidades de *Jamie*. Este tipo de informes forenses han evolucionado mucho desde los años 60, cuando se comenzaron a utilizar de forma habitual. En un primer momento, se llevaban a cabo valoraciones clínicas que trataban de determinar el nivel de peligrosidad de la persona enjuiciada. Las críticas a esta forma de valoración, estigmatizadora, poco estructurada y con importantes sesgos, abrió el camino al uso de métodos que impliquen un menor juicio social y tengan un mayor aval científico. En la actualidad, se recurre a evaluaciones estructuras, guiadas por instrumentos de valoración que recogen los factores de riesgo (y en ocasiones de protección) que mejor predicen la reincidencia, de acuerdo con el modelo R-N-R ya comentado. Se ha comprobado empíricamente que estos instrumentos permiten clasificar a las personas de una forma suficientemente certera en cuanto al riesgo de reincidencia. Deberían ayudar, pues, a orientar tanto la selección de la medida judicial como los objetivos de tratamiento, y a evaluar el progreso del menor a lo largo de la ejecución de la medida. Existen varias herramientas adaptadas y validadas desde los 12 años. En Inglaterra y Gales, la herramienta *AssetPlus* está incluido en los protocolos de valoración de menores por parte de los Equipos técnicos y, desde 2014, *AssetPlus* se ha exigido como parte de la evaluación formal en justicia juvenil (YJB, 2023).

Sin embargo, la entrevista que hace *Briony* se aleja de esta forma de valorar el riesgo: no sigue una estructura, no utiliza instrumentos validados y no indaga en la mayoría de las cuestiones que se consideran relevantes para predecir la reincidencia. Tampoco utiliza herramientas estandarizadas para evaluar la personalidad de Jamie o la presencia de sintomatología psicopatológica que, en combinación con los instrumentos de valoración del riesgo, se admiten como evidencia forense y se consideran útiles para la toma de decisiones judicial y de tratamiento (Charles et al., 2022). Podemos suponer que, en los siete meses que han pasado desde su detención, necesariamente debe haberse recogido información diversa sobre *Jamie*, quizás por el equipo psicosocial del tribunal, y se da a entender que *Briony* ya ha valorado muchas de esas cuestiones en las entrevistas anteriores.

Entonces, ¿qué busca *Briony* en esta quinta entrevista? En nuestra opinión, los creadores se han tomado una licencia y, en lugar de retratar lo que sería una evaluación estructurada habitual, nos muestran una evaluación forense clínica que trata de identificar aquello que hace de *Jamie* un joven *"más complejo de entender"*, en palabras de *Briony*. El homicidio adolescente es algo sumamente excepcional y terriblemente desconcertante para los adultos, ¿es *Jamie* también excepcional en algún sentido? Así se entiende que *Briony* esté tan preocupada por entender por qué el dulce *Jamie*- o no tanto en este episodio- fue capaz de matar a *Katie* y, posteriormente, lo confronte para que reconozca lo que hizo. Quizás lo lleva al límite, a situaciones que le resultan incómodas, para ver cómo reacciona. Este empeño por sacar a la luz lo que cree que ha ocultado previamente lleva a la psicóloga a incurrir en mala praxis. Especialmente, el principio de no dañar, que debe guiar toda actuación profesional con personas, no es respetado y, cuando ha obtenido la información (o confirmación) que buscaba, *Briony* cierra la sesión abruptamente, de manera que *Jamie* se siente engañado, abandonado y dolido.

Es interesante que, justamente, este tipo de valoración y la forma de proceder de *Briony* hayan resultado ser muy atractivos para la audiencia. Ese deseo de "conocer" lo que hay en la mente de *Jamie* –de saber si hubo intención o no, si miente deliberadamente o no entiende lo que ocurre– atrapa a los espectadores y hace que les parezcan adecuadas, incluso ingeniosas, técnicas de entrevista muy cuestionables desde el punto de vista ético y deontológico. Es fácil encontrar espectadores buscando explicación al uso por parte de *Briony* del sándwich, pues todo parece parte de una estrategia para destapar al verdadero *Jamie*. El propio guarda de seguridad le pregunta constantemente: "*¿Qué mira? ¿Qué está buscando? ¿Está interpretando el lenguaje no verbal?*" Se recurre así a un clásico en las películas y series sobre asesinos –como *Clarice* frente al temible y sofisticado *Hannibal Lecter*–: la confrontación con el profesional experto en el comportamiento humano que permitirá desvelar quién es *Jamie*, qué piensa y qué siente. Este recurso nos sitúa como espectadores ante un escenario reconocible sin que se explicite, ¿podría ser *Jamie* un asesino peligroso e incorregible? Tanto en la ficción como en el *true crime,* este tipo de asesino se etiqueta como psicópata.

La psicopatía se ha definido como un patrón de personalidad caracterizado por dureza emocional, falta de empatía y remordimiento, falta de vínculos genuinos, manipulación, encanto superficial y estilo de vida antisocial o irresponsable. A pesar de la asunción más generalizada, no está reconocido como diagnóstico en los manuales psicopatológicos estandarizados (DSM-5 o CIE 11), en los que se recoge, en cambio, el trastorno de personalidad antisocial, que es definido por un patrón conductual similar, pero sin poner tanto énfasis en los déficits afectivos. Todo cuanto gira alrededor de los asesinos psicópatas produce horror, pero también una atracción morbosa, porque rompen con los esquemas de comportamiento habitual y, como no sienten culpa ni remordimiento, resultan impredecibles. Son la representación cultural actual del monstruo, como dice Vicente Garrido (2024).

Dado que *Jamie* es casi un niño, y aún está en pleno desarrollo madurativo, no podría ser etiquetado como psicópata ni recibir un diagnóstico de trastorno antisocial de la personalidad, pero se admite por los investigadores en psicopatía que algunos niños y niñas muestran rasgos psicopáticos antes de los 18 años. En este episodio, no en el resto, *Jamie* muestra algunos comportamientos que podrían corresponderse con esos rasgos: no muestra angustia cuando narra lo que ocurrió; tampoco muestra claramente remordimiento, ni compasión; intenta controlar la entrevista y parece querer manipular a *Briony*; su apariencia de inocencia desaparece rápidamente cuando es confrontado por la psicóloga; y se muestra agresivo, violento e intimidante en varias ocasiones. Sin embargo, muchos otros indicios hacen cuestionable esta etiqueta: ha mostrado miedo (se hizo pis, incluso) y tristeza; se le ve abatido cuando cuenta que su padre se avergonzaba de él; reconoce esas expresiones emocionales en los demás; tiene un vínculo muy fuerte con su padre; quiere gustar, pero, sobre todo, ser querido. Y a lo largo de la serie nada sugiere que fuera manipulador ni tuviera comportamientos crueles e insensibles en la infancia, ni tampoco hay indicios de agresividad, impulsividad o de que se pusiera en riesgo siendo niño. Estas son conductas tempranas (antes de los 12 años) que se asocian tanto a carreras criminales severas como a psicopatía, así como a la dificultad para el cambio (la supuesta incorregibilidad de la psicopatía). Además, estos niños suelen hacer difícil la crianza, pero de *Jamie* sus padres dicen que es un buen hijo. Por tanto, el episodio no nos ofrece una respuesta fácil: ni tiene una capacidad de comprensión limitada, ni padece un trastorno psicológico que pueda explicar su conducta, ni estamos ante un psicópata.

Un último apunte sobre la ética de la psicóloga por cuanto se entiende que puede condicionar las respuestas de *Jamie* y tener consecuencias en la decisión judicial. Se podría decir que el comportamiento de la psicóloga en esta entrevista es cuestionable, no solo porque va más allá de lo que es el objeto de su informe, sino porque es éticamente reprobable. Como adulta y experta cualificada va interrogando y atosigando a Jamie con sus comentarios e insinuaciones veladas, manejando los silencios, para obtener lo que realmente busca, que reconozca que lo hizo, algo innecesario ya que existe un video que lo demuestra. Jamie percibe ese interés, "*mírate toda ansiosa por si digo algo importante*", y acaba agotado "*no puedo más, estoy roto*". Esta forma de proceder vulnera la deontología profesional especialmente en el trabajo con menores, ya que la psicóloga antepone su interés y su preocupación por realizar una buena valoración forense a velar por el bienestar del niño de 13 años sobre el que tiene que informar. A nuestro juicio una clara vulneración del interés superior del menor por parte de la profesional que tendría que cuidarlo. En esta entrevista, *Briony Ariston* se extralimita y maneja a un niño de 13 años que, ante todo, lo que busca es aprobación social "*¿yo te caigo bien?*" –implora *Jamie*. "*Ni se te ocurra decirle lo que hice*" (a su padre), exige el chico cuando se rompe y sabe que ya no va a volver a hablar con ella.

Y acompañando la narrativa de este proceder dudoso de la psicóloga encontramos el *famoso* y controvertido sándwich. Como toda la serie, ofrece múltiples posibilidades de análisis. *Briony* le ofrece dos presentes a *Jamie*: un chocolate con nubes, que sabe que le gusta y ha sacado en ese momento de una máquina expendedora (y que acabará derramado); y medio sándwich que ha traído de su casa, que no le gusta, pero que *Jamie* acepta, pues da a entender que ella se "preocupa" por él o había pensado en él preparándoselo (y que no terminará de comer). Ambos regalos introducen un elemento de cotidianidad en un espacio institucional neutro y frío

y establecen un diálogo narrativo similar al que ocurre en el episodio entre los personajes: son obsequios que podrían interpretarse como un acto de cercanía, de interés sincero por *Jamie*; pero, a la vez, transmiten una sensación de manipulación. Ella insiste en que solo quiere *"entender qué entiende él"*, pero él siente que *Briony* está usando trucos, trampas para pillarle o para culpar a su padre. Narrativamente, el sándwich también sirve para romper la tensión de la escena en que *Jamie* relata los hechos y, al comer un trozo de sándwich, da un leve respiro a los personajes y al espectador. Una breve calma antes de la cortante despedida de *Briony* y la terrible desesperación de *Jamie*, consciente de que se ha expuesto y de que eso no le ha servido para conseguir el afecto de ella. *Briony*, aturdida y angustiada, siente náuseas al tocar el sándwich. El episodio acaba mostrando los restos de la devastación que se ha vivido: el sándwich, apenas mordido, sobre la mesa; como en el primer episodio, la puerta descerrajada. A veces, en lo más cotidiano, hay mucho dolor y angustia. De la misma forma, frecuentemente, las conductas más aberrantes no proceden de *enfermos* ni de monstruos, sino de personas corrientes.

6.3. Sexualidad juvenil: ¿necesidad de y derecho a?

La serie aborda la cuestión del atractivo físico, de forma general, y en relación con la sexualidad incipiente de los adolescentes de 13 años. En los tres primeros capítulos queda claro que el atractivo físico puede condicionar la aceptación, la indiferencia, el rechazo e incluso el maltrato de los iguales. De hecho, la diferente valoración social del inspector *Bascombe* y de su hijo gira en torno al atractivo físico. La comparación entre los pómulos de ambos por *Jade* o la seguridad con que *Ryan* asevera que el inspector tuvo que ser popular hacen evidente que el atractivo físico tiene un impacto relevante en la vida social. Esto es así en cualquier momento de la vida, pero la llegada de la pubertad supone un punto de inflexión en la relación que tenemos con nuestro propio cuerpo y en cómo nos miran los demás, hasta el punto de que esas experiencias forman parte de nuestro proceso identitario y dejan huellas duraderas. Aunque como espectadoras aún vemos a *Jamie* y *Katie* como niños, ellos ya están cambiando física y emocionalmente y están re-descubriéndose.

La sexualidad ha tendido a considerarse una actividad adulta, entre adultos. También ha sido entendido como el acto más privado. Y ni una ni otra premisa se corresponde con la realidad. La sexualidad como forma de buscar y experimentar placer con el cuerpo propio o ajeno no es exclusivo de los mayores de edad, ni siempre ocurre en un entorno ajeno a la mirada de los demás. El desarrollo sexual adolescente no solo es normal, sino que tiende a ser saludable, dependiendo tanto del contexto relacional con las personas que les interesan sexualmente, como de su socialización sobre la sexualidad. Lo que *Jamie* cuenta en la entrevista con *Briony* nos muestra lo complejo que es el inicio de la sexualidad, lo confusos que pueden sentirse los adolescentes y cómo la violencia entre iguales incluye diversas formas de violencia sexual. En este episodio, nos topamos con la violencia sexual hacia las chicas. Descubrimos el *sexting*, pues *Katie* envió una foto desnuda de "*cintura para arriba*" a un chico que le gustaba y que se la solicitó. Y también la cosificación sexual de las mujeres, pues él compartió la foto sin permiso entre muchos compañeros y compañeras que la vieron, la comentaron, hablaron de su cuerpo, lo enjuiciaron. Dejaron de valorarla integralmente como persona para hacerlo solo por una parte de su cuerpo, *"todos lo decían, está plana"*. Y saben que eso hace daño. Por eso *Jamie* trató de aprovechar su vulnerabilidad para conseguir una cita, pues en algunos grupos de chicos aún se considera lícito aprovechar la vulnerabilidad de las chicas para conseguir una relación afectivo-sexual.

Otra de las múltiples capas de análisis que presenta *Adolescencia* tiene que ver con la educación sexual. A pesar de que *Jamie,* como cualquier joven occidental, debería haber recibido formación sobre sexualidad en los programas de Educación para la salud que se ofrecen hoy día en la enseñanza obligatoria, se le percibe inseguro al respecto, y también se intuye que puede estar intoxicado de información sobre sexo en las redes. Se podría decir que *Jamie* forma parte de una generación que está aprendiendo sobre sexo a través de las redes y de Internet. Como reconoce el propio *Jamie: "todos ven porno"*. Se diría que, en la actualidad, cuando los chicos y chicas tienen su primera relación sexual real, tienen ya un guion de cómo deben proceder y, desafortunadamente, esos guiones proceden de fuentes poco fiables o del porno (Srivinasan 2021). Esos guiones incluyen también interpretaciones sobre qué cabe esperar de las mujeres. Por ello, cuando en la vida real reciben un no por respuesta, su frustración y humillación son enormes. Quizá para Jamie fue la gota que colmó el vaso que se había ido llenando con los comentarios en redes sobre su celibato involuntario. No concibe su rechazo como respuesta aceptable. Quizá por el ruido en redes contra el feminismo y la autodeterminación de las mujeres (como veremos en el capítulo 7), ni siquiera se plantea las razones de *Katie* para negarse, ni que pueda depender de otras cuestiones que no sean exclusivamente el atractivo físico.

Somos seres sexuados y sexuales, de manera que la educación sexual no debería ser una respuesta (menos aún un castigo) ante la violencia sexual entre escolares cuando, con incredulidad, somos conocedores de algún caso. El derecho a una sexualidad sana debe garantizarse a lo largo de toda la vida. Los estilos de crianza, la actitud de los padres hacia la sexualidad, las relaciones con los pares y la influencia de la cultura y la comunidad son los sustratos sociales que influyen en el desarrollo de la sexualidad de una persona. Por ello, la educación sexual debería ser transversal, ofrecerse desde temprano a los niños y niñas y abordarse también con los padres. Cierto que, como se decía antes, nos cuesta aceptar la sexualidad en etapas de la vida distintas de las que estamos viviendo en cada momento, especialmente en nuestros familiares, como le ocurre a *Lisa* cuando sus padres cuentan su primera cita, su primer "*morreo*". Sin embargo, en la actualidad existen suficientes materiales validados para cualquier edad como para que la educación sexual pueda ofrecerse en distintos ámbitos con garantías.

Además, la educación sexual debe encontrar encaje en las agendas educativas por su impacto positivo sobre la salud sexual. Los datos disponibles indican que, por ejemplo, el número de embarazos no deseados y la transmisión de infecciones disminuyen en función de la educación sexual de calidad que reciben los adolescentes. Y, para que sea efectiva, debe hacerse desde una perspectiva positiva, no desde la reacción, el miedo o el riesgo; aunque los riesgos haya que abordarlos. Se ha demostrado que las intervenciones centradas en el riesgo y el peligro, incluidos los programas basados exclusivamente en la abstinencia, no son eficaces para prevenir los riesgos sexuales y chocan con las necesidades, las realidades y los derechos humanos de los adolescentes a explorar su sexualidad y a buscar y recibir información sobre derechos sexuales y reproductivos. Por ello, la sexualidad ha de conceptualizarse también en términos de relaciones, placer, sentimientos, respeto y atender a la diversidad y a las cuestiones de género, de manera que se promocione un desarrollo afectivosexual saludable de chicos y chicas, de las minorías sexuales y de los grupos de edad más jóvenes.

7 El hogar: principio y final

El último episodio, 13 meses después de la detención de *Jamie* y a cuatro semanas del juicio, centra el foco en una mirada introspectiva de la familia, muestra cómo ha cambiado su situación y reflexiona sobre cómo podrían haberlo evitado. En unos minutos de serie, recorren un camino que, entre la infancia y la adolescencia, les pasó inadvertido.

7.1. La habitación de *Jamie*

Todo empieza en la habitación de *Jamie*, donde duerme hasta que la policía irrumpe para proceder a su detención. La serie (que no la historia) se cierra con una imagen de la habitación sin *Jamie,* en la que el padre llora la ausencia de su hijo con *"Through the eyes of a child"* (Aurora), como música de fondo. La habitación de *Jamie* es la habitación típica de un adolescente ordinario en la que se aprecian restos de su niñez (peluches, dibujos infantiles), indicios de que ha comenzado a apropiarse de su espacio (está su nombre en la puerta, en las paredes cuelgan posters de su elección…) y de que los padres han apostado por darle autonomía y por permitir que tenga un espacio con todo lo que necesita (tiene ordenador dentro de la habitación). Pero no solo es un espacio físico. No solo es la habitación contigua a la de sus padres. También es ese lugar extraordinario donde transcurre una buena parte de la vida adolescente, tanto de su vida íntima, como de su faceta más pública a través de su participación virtual en redes. Y su uso puede cambiar dependiendo de las circunstancias personales o de las normas familiares (puede recibir o no amigos en la habitación). En el caso de *Jamie,* parece que pasaba mucho tiempo encerrado en su habitación después de volver del instituto.

Y, sin embargo, el caso de *Jamie* no es excepcional. No es un menor de edad que vive aislado del mundo y encerrado en su habitación sin querer salir ni comunicarse. No presenta lo que se ha denominado *hikikomori* (síndrome de aislamiento social juvenil). Sin embargo, la serie nos muestra la importancia que tiene para un adolescente medio ese espacio físico que es su habitación, en el que se refugia para aislarse del resto del mundo adulto, para desarrollar actividades que poco a poco conforman su identidad, para seguir relacionándose con sus pares (o no tanto) a través de las redes, después del instituto. Nos muestra que la vida de *Jamie* (y el propio *Jamie*) es *offline* cuando va al instituto, queda con sus amigos para deambular por la ciudad, va al cine o al centro comercial o comparte (cada vez menos) ratos con sus padres. Al tiempo que también vive una vida *online* que construye desde el ordenador o el móvil en su habitación para enviar mails, consultar redes o bloguear. Hay que retener la idea de que "los adolescentes entran y salen de ambos universos permanentemente sin necesidad de distinguir sus fronteras de manera explícita" (Morduchowicz, 2022). La vida supone transitar entre un espacio y otro, identificarse con el yo que se construye y participa desde la habitación a través de redes, y el yo que sale a la calle y actúa con efectos reales. Las emociones, identidades, opiniones que emergen en medio del ruido de la red (en el silencio de la habitación) pueden germinar y fortalecerse en el mundo real y viceversa. Aunque para su familia solo existe el *Jamie offline* con el que interactúan, cada vez menos, en casa, ambos son el mismo *Jamie*.

Dice Feixa (2005) que el análisis de la habitación de los adolescentes permite ver cómo es y cómo ha cambiado la relación de los padres con sus hijos. El autor indica que el espacio privado de las mujeres donde construir una identidad propia, reivindicado por Virginia Wolf a principio del siglo XX, es reclamado por los jóvenes de la década de los 60 del siglo pasado con el mismo objetivo. A partir de los 80, la inaccesibilidad del ocio en la calle, el incremento de recursos y la tecnologización del ocio y de la comunicación relanzan lo que el sociólogo ha denominado la 'cultura de la habitación' en la que se concentra todo lo necesario para llenar el tiempo de ocio y permitir la comunicación interpersonal sin necesidad de salir de la habitación, evitando así el control parental. Aunque el clásico conflicto familiar de las horas límite de salida y llegada se amortigua porque pasan mucho tiempo en casa, en la habitación de al lado, se abre una silente brecha entre padres e hijos (Feixa 2005, 15). No se han dado cuenta de que el peligro ya no está fuera, o no solo, sino también en casa.

Esa es la sima que descubre el padre de *Jamie* cuando la cámara le coloca ante lo que ha hecho su hijo y se amplía conforme avanza la investigación que muestra la vida de su hijo en redes. No consigue entender qué ha pasado, cómo han desconectado de su hijo, cómo se ha convertido en un desconocido capaz de asesinar a una compañera de instituto. No consiguen comprender de qué manera se ha producido el cambio desde la habitación, un espacio que desde parámetros adultos es un espacio seguro, porque le aísla de la calle y de la intemperie, donde están sus padres para protegerlo.

No han asimilado que las necesidades de su hijo han cambiado y no solo necesita protección del frío y del hambre, necesita la autoestima y seguridad suficientes para salir al mundo *off* y *online*, interactuar en redes y resistir la mirada o el acoso de los otros que, en este caso, acaba por convertirse en insoportable para él y letal para *Katie*. Sin embargo, no está claro qué más podrían haber hecho.

La habitación contiene, además, una referencia simbólica poderosa: un pequeño desperfecto en el papel de la pared recuerda a la hoja de un cuchillo. En el primer episodio, cuando *Jamie* se asusta ante la entrada de la policía, esa hoja parece estar en su mano. En el último episodio, está sobre la espalda de su padre que, herido, llora atormentado sobre la cama de *Jamie*. El cuchillo es un elemento transversal en la narración pues, convertido en el arma homicida desaparecida, lleva a la policía a la escuela y nos permite toparnos con el mundo fuera de la habitación, repleto, también de riesgos. Y como veremos en el capítulo 7, es un símbolo de masculinidad.

7.2. La vida familiar con un/a adolescente

La familia tiene la responsabilidad del cuidado, protección y acompañamiento afectivo de sus miembros, así como de la crianza de los menores, su socialización y educación. Esa mirada introspectiva que hace la familia en el último episodio parte de la conciencia de esas responsabilidades y de la creencia de que, cuando algo no va bien con uno de sus miembros, puede que la familia no haya estado suficientemente atenta.

De la familia de *Jamie* sabemos, porque él se lo cuenta a *Briony*, que su padre, *Eddie*, es un buen tío, que a veces se enfada, que

quiere a su mujer, que no es muy cariñoso, aunque es capaz de ser tierno, y que trabaja mucho. Que su madre, *Manda*, parece tener poca autoestima. Que su hermana, *Lisa*, es lista. Que *Jamie* a veces visita a los abuelos, pero no parecen ser muy cercanos, aunque han compartido algunas vacaciones. Nuevamente, una vida corriente. Casi todas las percepciones que *Jamie* tiene sobre su familia se ven confirmadas en este último episodio, a través de lo que hablan y de cómo actúan y se relacionan sus padres y su hermana. Son muchos los momentos y detalles que nos muestran que, sobre todo, hay amor y complicidad en la familia y que se preocupan los unos por los otros.

A pesar de las referencias de *Jamie* a que su madre siente que no hace bien las cosas, *Manda* se muestra más segura que *Eddie* en cuanto a que fueron buenos padres, que hicieron lo que pudieron, que, incluso, no lo hicieron mal en la crianza de *Jamie*; y, sin embargo, es consciente de que no fue suficiente. Y que deben afrontarlo, sin culpa, pero con responsabilidad. Es la madre la que nos muestra un poco más sobre cómo era la vida familiar de *Jamie*: reconoce que llegaba del instituto, daba un portazo y se encerraba en su habitación con el ordenador hasta la madrugada. Ella le pedía que apagara la luz, pues tenía que levantarse temprano para ir a clase, y él lo hacía, pero no decía nada, no contaba nada.

Muchos padres y adolescentes reconocerán estas dinámicas y preocupaciones. Durante la adolescencia, los hijos se debaten entre querer ser autónomos y esperar la protección de los padres. No quieren que los padres les controlen, pero tampoco que no se interesen por ellos. Desean independencia, pero con el apoyo y los recursos familiares. Y los padres deben adaptarse a esta ambivalencia constante, a los cambios de humor que conlleva y a que busquen sus propios espacios y se distancien, en cierta medida, del mundo adulto y de ellos. En esta etapa de transición, las relaciones deben caminar hacia un nuevo equilibrio en todos los aspectos: desde las muestras de cariño, las actividades en familia, la supervisión y la disciplina, hasta los valores. Todo puede ser fuente de desencuentro y las discusiones suelen aumentar. ¿Por qué discuten padres e hijos adolescentes? Por los amigos, por los horarios de salir y de acostarse, por los estudios, por la ropa, por el uso excesivo del móvil, porque no responden al móvil, por lo que suben a las redes sociales, por las parejas...por tantas cosas. Otros adolescentes apenas discuten, pero se encierran en su habitación, como *Jamie*.

A pesar de que el panorama puede parecer un poco estresante y pesimista, cuando se les pregunta a los adolescentes en España, la gran mayoría, por encima del 90%, valora mucho a sus padres, considera que están disponibles cuando los necesitan y dicen que tienen relaciones afectivas positivas con ellos. Igualmente, la mayoría informa de que, para sorpresa de los propios padres, escucha los consejos que le dan y tienen en cuenta sus opiniones, aunque, como sabemos, no siempre se guía por ellas. En general, consideran a las madres como más afectuosas y comunicativas, tal y como en la serie se muestra a *Manda*, pero las relaciones con los padres son también valoradas positivamente, aunque no sean tan cariñosos.

Es frecuente oír quejas sobre los adolescentes (desde que el mundo es mundo, probablemente) y sobre la falta de autoridad de los padres. Pero la realidad es que lo que acaba resultando más beneficioso para el desarrollo sano es un estilo educativo democrático o, en contextos como el español, un estilo indulgente, en contra de lo que muchos esperarían. Esto implica escuchar, acompañar, validar emociones y dudas, y respetar espacios y tiempos. Es cierto

que muchos padres sienten que no conocen a sus hijos/as cuando llegan a la adolescencia; y que la persona que entra en casa casi sin saludar, ocupa el espacio sin miramientos, hace de su habitación un bunker y protesta con facilidad, genera desasosiego y, en ocasiones, enfado. Pero existe mucha evidencia de que imponer normas, invadir su espacio o expulsarlo de los espacios comunes, usar el castigo o reprender constantemente, no mejora las cosas. Bien al contrario, un estilo autoritario es un factor de riesgo de conductas antisociales y de problemas de salud mental.

Vivir en familia con adolescentes que empiezan a construir su identidad, también supone conocerse y reconocerse en el otro. De hecho, es la madre la que le hace notar al padre, suavemente, que *Jamie* ha heredado su mal genio, abriendo un resquicio al debate sobre si ese mal carácter es transmitido por genética o por aprendizaje y si, en consecuencia, es modificable. *Eddie* recuerda entonces que su padre también tenía mal genio y le daba palizas horrendas, pero él decidió ser diferente y jamás ha pegado a sus hijos. Es decir, ninguna experiencia familiar es determinante, ni siquiera una tan negativa y dañina como el maltrato, a la vez que todo puede ser una influencia significativa. Y esto se confirma cuando miran a *Lisa*: "*¿Cómo lo hicimos con ella? (...) Como lo hicimos con Jamie*". *Lisa* facilita así el paso hacia un afrontamiento consciente, pero sin reproches continuos hacia sí mismos o entre ellos. *Lisa* es también el ejemplo de que detrás de un comportamiento grave y violento no tiene porque haber unos padres negligentes o torpes o descuidados que no han sabido hacer bien las cosas, cuestionando así uno de los grandes mitos sociales sobre los padres: los hallazgos científicos indican que los padres no tienen un papel determinante en la conducta de sus hijos (Harris 1999).

7.3. La presión social sobre la familia

Cuando se trata de delincuencia juvenil grave no sabemos a qué luna mirar y miramos a todos los dedos posibles. Uno de esos dedos apunta hacia la familia de los menores agresores porque entendemos que es en la familia donde se consolidan valores durante la infancia y la primera juventud, es la familia la que controla y supervisa el tiempo de los menores en casa, la que puede detectar señales de alerta, de que algo no va bien. De ahí que, en el debate público y político, en ocasiones se contemple la posibilidad de que los padres asuman parte de la responsabilidad del delito que han cometido los hijos. Es el caso de una proposición de ley en Francia en 2001 que planteaba exigir la responsabilidad penal a los padres de los delitos graves cometidos por sus hijos por entender que se había producido una negligencia en la educación. En el caso de Reino Unido no se contempla que los padres respondan penalmente por los delitos de sus hijos, pero sí se prevé ante el comportamiento antisocial y delictivo de los hijos la adopción de lo que se ha denominado *parenting orders* cuando se considera que los padres no están ejerciendo suficiente control o supervisión de sus hijos. Estas órdenes les obligan a asistir a un programa de educación parental que se lleva a cabo en los equipos de delincuencia juvenil (*youth offending team*) de cada localidad. Además, si se estima necesario, se les puede instar a cumplir ciertas obligaciones para mejorar el comportamiento delictivo y/o antisocial de los menores (*parenting contracts*). Finalmente, y como ocurre en otros muchos países, los padres pueden ser requeridos a contribuir económicamente con el pago por los daños y perjuicios que haya ocasionado el delito cometido por sus hijos e hijas. En España, la ley de responsabilidad penal de los menores convoca a los padres

desde la incoación del expediente para que acompañen a su hijo en el procedimiento y, en caso de suspensión de la ejecución del fallo, se les puede reclamar participación en el desempeño de tareas socio educativas. También deben responder solidariamente de la responsabilidad civil.

Así, aunque no cabe responsabilizar penalmente a los padres, sí que hay una acusación social implícita que les sigue apuntando por los delitos cometidos por sus hijos. La exigencia de prevenir lleva a la sociedad a tratar de identificar algo o alguien como responsable. Y esa urgencia suele apuntar al entorno familiar como aquel en que se forja el carácter de una persona, obviando que los niños son agentes activos en su desarrollo y que en la fase adolescente construyen su identidad en gran parte con sus iguales en el entorno educativo, en la calle y, ahora también, en las redes. Para una sociedad impaciente como la nuestra, lo más sencillo es mirar hacia el entorno familiar que, en general, está identificado. Y, dentro de la familia, buscaremos a quien representa el papel de referente en la crianza. Podríamos decir que, en sociedades del sur, aunque la tendencia va cambiando, seguimos pensando en la madre como ese referente del cuidado y la crianza de los hijos y, en consecuencia, a la que responsabilizamos en gran medida de su comportamiento. En el caso que nos ocupa, la serie mira hacia el padre de *Jamie* en sentido activo, por cuanto pudo hacer para alentar esa situación. También parece mirar a la madre en negativo, por lo que no hizo para evitarlo.

En todo caso, parece importante apreciar dos miradas sobre el rol de la familia en la delincuencia de los hijos: la de quienes actúan desde dentro como espectadores, activos o pasivos, en el drama que nos relata la propia serie y la nuestra, como espectadores con una forma específica de entender el mundo y el caso. Los espectadores del drama que nos relata la serie, desde sus posiciones de vecinos, profesores, compañeros, profesionales policiales, sociales o judiciales, opinión pública, mantienen una duda, no tanto sobre la implicación de la familia en el delito, como en la responsabilidad indirecta que pudieran tener. Durante los 13 meses de instrucción del caso, la comunidad se muestra hostil con ellos señalándoles (la hija indica que en el instituto la conocen como 'la hermana de *Jamie*') o acusándoles de conductas inapropiadas (le pintan en la furgoneta la palabra 'pederasta'). Es una comunidad que, sin utilizar la fuerza física o las amenazas directas, fuerza a la familia a valorar la opción de huir, irse a otro lugar y empezar de cero. Sin embargo, la hermana de *Jamie* les recuerda que la huida no produce olvido y que un crimen tan mediático no se borra y les perseguirá allá donde vayan.

Como espectadores que somos de la serie, asistimos a un carrusel de emociones que van desde la acusación, a la conmiseración o la comprensión. Juzgamos al padre, al que el hijo idolatra (como reconoce la madre), por algunos indicativos de falta de apego cuando se avergüenza de un hijo que no responde al modelo de hombre que desea (jugando mal al fútbol), creyendo que ha podido influir en su inseguridad, su baja autoestima o en su separación gradual de la familia. Sin embargo, *Jamie* sigue eligiendo a su padre para que le acompañe en las instancias policiales y es a él (y cree que solo a él) a quien le cuenta que va a cambiar su declaración a culpable en el inminente juicio. Le acusamos de no controlar su carácter temperamental, de su reacción iracunda después de que le han pintado la furgoneta unos jóvenes que cree que le están vigilando. Creemos que *Jamie* ha heredado o aprendido ese carácter impul-

sivo que le lleva a matar a *Katie* tras su acoso en redes o que le hace montar en cólera ante las preguntas o silencios de la psicóloga forense. También es cierto que *Jamie* apunta que su padre solo ha mostrado enfado en una ocasión y la madre le muestra que ese que ha arremetido contra los chicos en el parking no es él. De alguna manera podemos entender la reacción desmesurada de un padre sometido a un escrutinio público y a una tensión constantes durante los 13 meses que han transcurrido desde que detuvieron a su hijo. También podemos caer en la tentación de acusar a la madre de su pasividad, de la complacencia con su marido, de la idea que comparte con sus hijos de que la mujer debe ser protegida por el marido (en conversación con la hija, que discute esta idea). En definitiva, podríamos llegar a acusarla de la imagen que se forja *Jamie* de las mujeres y del rol que éste entiende que deben tener.

En definitiva, una mirada distante nos permite pensar que se trata de una familia estándar en un barrio corriente, de los que pasarían desapercibidos en cualquier ciudad. No se trata de una familia desestructurada, conocida de los servicios de protección de la infancia, como sí ocurría en el asesinato de *James Bulger*. En ese caso, nos resulta más fácil acusar porque la marginación marca una frontera con el "nosotros" y nosotros no somos ellos, no podemos ser ellos. Sin embargo, la serie nos coloca ante una familia normal y nosotros podemos ser ellos. Sabemos que riesgos suelen ser muchos, pero la familia es un culpable adecuado porque es identificable. Y, ante la atrocidad de los hechos, es necesario apuntar a alguien con el dedo. Sin embargo, aunque la serie presenta esa reacción social, no la comparte. Abre un espacio de reflexión sobre las complejas relaciones familiares, sin concluir que en ellas esté la causa del asesinato. Lo que está claro es que están expiando el delito como si fueran responsables, pagando por ello una dura condena de ostracismo y rechazo social posiblemente indeleble.

7.4. El padre doliente (vs madre doliente)

Al margen de las acusaciones que volcamos como público y las de quienes actúan como espectadores del drama, la reflexión sobre la responsabilidad parte de la propia familia, que se mira a sí misma y se pregunta por el camino recorrido y el punto al que han llegado. Las fotos con que comienza cada episodio de la serie testimonian ese pasado feliz en el que los hijos eran niños y los padres más jóvenes. Las escenas finales del último episodio muestran una pareja que reflexiona una vez más sobre el paso del tiempo y se interrogan sobre su papel en lo que hizo su hijo. La terapeuta, con la que parece que han tenido reuniones periódicas, les dice que no deberían culparse, que no es culpa suya. Sin embargo, la madre insiste en que fueron ellos quienes lo criaron.

El padre de *Jamie* fue quien vio el video en el que aparecía su hijo apuñalando a su víctima. Desde entonces, no le cabe ninguna duda de que lo hizo. Sin embargo, hasta cuatro semanas antes del juicio, en que decide declararse culpable, su hijo sigue manteniendo ante él que no lo hizo, que no hizo nada malo. Dos afirmaciones que, por otro lado, pueden no significar lo mismo para *Jamie*. Al padre, de un lado, le duele imaginar el futuro que le espera a su hijo, al que quiere profundamente. De otro lado, mira hacia aquellos momentos pasados en que cree que pudo hacer algo que lo reforzara, lo fortaleciera y lo apartara del delito. Parece no ver que busca un hijo que se le parezca y se niega a aceptarlo cuando se aleja de su ideal masculino. Algo intuye cuando recuerda (al igual que también recuerda *Jamie*) los momentos en que se avergonzó de su hijo en el campo de fútbol y no supo mirarle a la cara cuando buscaba comprensión. Tampoco sabe qué decir y permanece en silencio en un momento, complejo para Jamie, en que decide declararse culpable en el juicio y con carácter previo contárselo confidencialmente por teléfono (pensando que están solos). De nuevo, el silencio. Reconoce que en el momento de transición de *Jamie* hacia la adolescencia tenía mucho trabajo y no se ocupó de él todo lo que hubiera querido. Evidencia esa brecha que se abre cuando descubre que en la habitación de al lado no estaba a salvo. El concepto de seguridad de los padres cuando hijos e hijas están en casa se desvencija cuando las redes y los otros entran (inevitablemente) en la habitación. Se convence de que intentó ser mejor padre del que tuvo él mismo.

A su lado, durante buena parte de este episodio, la madre. A primera vista es una madre que parece desplazada, poco relevante para *Jamie*, que prefiere a su padre como referente y decide confesarse a él y solo a él. De hecho, parece desconcertado cuando descubre que la madre y la hermana están escuchando la confesión a su padre de que se va a declarar culpable. Sin embargo, la madre tiene una función de estabilizador o neutralizador familiar. Así, relaja la tensión cuando es preciso desviando la atención hacia temas intrascendentes, deja espacio a su marido cuando se enfada, interviene en un momento importante como lo es cuando su marido no sabe qué decir ante la confesión de *Jamie*. Pero, sobre todo, cree que deben asumir su parte de responsabilidad en la crianza de *Jamie*, sin culpa, con determinación. Frente a las madres dolientes, presentes en gran parte de la imaginería de culturas y religiones diversas, esta es una madre atravesada por el dolor que no se resigna a perder a todas las personas a las que ama, decidida a seguir adelante. Piensa que sería bueno irse de su ciudad, pero como una forma de mantener unida a su familia. Tampoco es una madre que, ofuscada de dolor, niega el daño que ha hecho su hijo. Mantiene el amor materno reconociendo la verdad, algo terriblemente difícil para ella. También ella desafía muchos de los estereotipos sobre las madres y acepta, al principio con desconcierto y pesar, que *Jamie* elija a su padre como apoyo en la comisaría.

Se cierra el episodio (y la serie) con una emotiva escena en la que el padre, sentado en la cama de su hijo, llora amargamente y le pide perdón: *"Lo siento hijo. Debí hacerlo mejor"*. Asistimos a este momento desgarrador en que la figura clásica de la madre doliente es sustituida por el padre doliente. En esta serie la madre sufre intensamente, por lo ocurrido y por lo que quizás podrían haber hecho para que no ocurriera, porque ha perdido a su hijo, porque su hijo no la ha elegido para estar con él como adulto apropiado, ni tampoco ha visto el contenido del vídeo que incrimina a Jamie. Sin

embargo, es el padre quien representa el duelo por el hijo perdido y la culpa. Es un padre que reúne muchas características propias de una masculinidad dura y distante, pero que se rompe ante los ojos del espectador. Es una imagen poderosa de dolor, de amor, de vulnerabilidad y de libertad, la libertad de expresar lo que siente sin las ataduras de lo que la sociedad espera de un hombre, aun cuando lo hace todavía sin testigos, en la intimidad de la habitación vacía y desolada de su hijo.

8 El género como categoría para entender y prevenir la violencia

Como hemos repetido en varias ocasiones, la serie se pregunta por posibles *causas*, por explicaciones que podrían ayudar a entender por qué *Jamie* acabó con la vida de *Katie*. Aunque, como hemos ido viendo, explora diversos ámbitos, hay una cuestión clave que aparece, más o menos explícitamente, en todos ellos: la construcción de las masculinidades.

Para entender el significado social y personal de las masculinidades necesitamos aclarar qué es el género. El sistema de género (o sistema sexo/género para algunas autoras) hace referencia a una estructura social desigual que se ha construido alrededor de las realidades biológicas del sexo y la reproducción. No es la única estructura social, pues nos socializamos y nos desarrollamos a través de relaciones que están ordenadas jerárquicamente por edad, sexo/género, raza y clase social. Hay ejemplos de todo ello en la serie o en las reacciones a la serie: el debate adulto sobre cómo se debe formar y disciplinar a niños y jóvenes; el inspector *Bascombe* que relata cómo no gustó a los demás hasta que se rapó su pelo afro; o los debates entre espectadores sobre si *Jamie* representa *correctamente* a los jóvenes delincuentes en Inglaterra. El sistema de género no se define, pues, como una identidad o un rol individual, sino como una estructura social en la cual hombres y mujeres tendrán un acceso desigual al poder. Asimismo, entre los hombres, el cumplimiento de ciertos mandatos de género, se traducirá también en diferencias de estatus, prestigio y poder.

Connell (1987) propone que este sistema o estructura transversal opera a todos los niveles e incluye: a) normas y mandatos sobre el lugar que corresponde a las personas por su sexo e identidad sexogenérica; b) las relaciones y las prácticas cotidianas que naturalizan esos mandatos y los reproducen; y c) las representaciones simbólicas, creencias y discursos que justifican ese ordenamiento. El sistema de género se reproduce socialmente de forma bastante eficiente, de manera que las desigualdades persisten, pero su forma de operar se transforma en función del contexto cultural e histórico y exigen una mirada consciente para identificarlo.

8.1. Mujeres en segundo plano

Intencionadamente o no, las mujeres son muy poco visibles en la serie y aparecen representadas, en su mayoría, en una posición de subordinación. La narrativa en conjunto las deja un poco al margen, aun cuando algunas de ellas son co-protagonistas. Es una serie sobre hombres y masculinidades, con una mirada bastante masculina.

El ejemplo más evidente (y doloroso) es el de *Katie*, que no aparece en ninguno de los episodios. Su presencia es referencial o simbólica: una foto al inicio de los tres primeros episodios; una grabación del asesinato en la que no se la reconoce; una voz que canta sin

que el espectador sepa que es *ella* quien lo hace. A *Katie* se refieren el protagonista, la policía e, indirectamente, el vendedor del almacén, que representa a los grupos *incel* en el último episodio, pero solo su profesora de primaria, la señora *Fenumore*, y su amiga *Jade* nos hablan de *ella*. La señora *Fenumore* expresa su aflicción por un futuro prometedor truncado. *Jade* es la única que expresa su amor por ella (*"la persona más buena que podía haber"*) y grita y pega ante esa pérdida lacerante que la acompañará siempre.

El personaje de la madre es otro buen ejemplo. Es evidente que se ha querido poner en el centro al padre, rompiendo con el estereotipo de la madre doliente, como veíamos. Incluso se desliga del sentimiento de culpa por lo que les ocurre a las personas queridas, que habitualmente persigue a las mujeres. Pero ha sido a costa de hacer parecer a *Manda* irrelevante y, finalmente, asociada al cuidado y al sostén familiar, pero de una forma difuminada, lo que acaba restando aún más valor a tareas habitualmente feminizadas y escasamente apreciadas. Ella es la que sale corriendo a enfrentarse a la policía en el primer episodio y la que conoce que a su hijo le da miedo sacarse sangre, pero *Jamie* prefiere a su padre. En el episodio de la entrevista forense *Jamie* solo hace referencia a ella, tangencialmente, al hablar del sándwich- ese *presente* que *Jamie* percibe como una pequeña manifestación de cuidado- y como ejemplo de pobre autoestima, aunque *"el pollo le sale bueno"*. Quizá se ha querido representar la exclusión de lo femenino en la socialización de los chicos. A pesar de ello, su arco narrativo es, sin embargo, muy interesante, y pasa de la confusión y el desconcierto a ser la conciencia dolorosa sobre la crianza, sin dejar de ser el sostén familiar.

Lisa, la hermana de *Jamie,* es una víctima colateral. En el primer episodio, vive la situación de terror de la detención policial. En el último, se muestra como una joven madura e inteligente, con un futuro esperanzador, como también podrían haberlo tenido *Katie* y su hermano. Ella es quien desculpabiliza a sus padres, quien les da esperanza y quien decide que no cabe esconderse, consciente de que el juicio social sobre la familia no desaparecerá. En cierta medida, *Lisa* y su madre representan algunas de las expectativas sociales sobre las mujeres: están disponibles emocionalmente, asumen el cuidado de las relaciones personales y, en el caso de *Lisa*, responde a la exigencia social de demostrar madurez precozmente.

Las profesionales que aparecen nos permiten una mirada sobre cómo el sistema de género impacta en su trabajo, en las tareas públicas a las que las mujeres se han ido incorporando de forma paulatina, pero imparable, en nuestro entorno. Las instituciones son regímenes de género y la presencia de mujeres no ha cambiado (todavía) prácticas y relaciones de poder fuertemente establecidas. Así, vemos a la sargento *Misha Frank*, con una presencia muy acotada, de acompañamiento al inspector *Bascombe* en la tarea policial. Aunque nos la presentan como una persona aparentemente segura, centrada en recabar las pruebas y hacer bien su trabajo, que trata de implicarse menos emocionalmente que *Bascombe*, en realidad vive la visita a la escuela con mucho malestar, quizá porque ella tampoco fue popular, porque simplemente "sobrevivió".

Aún más llamativo es el caso de *Briony*, una profesional joven que es observada, interrogada, casi acosada por el guardia de seguridad. El propio *Jamie* la cuestiona al llamarla con cierto desdén "pija" (*posh*) por no conocer el significado de un término de jerga, "*slice*". Con ese "pija", que es despreciativo, pero no llega a ser un

insulto, *Jamie* le da a entender que no tiene capacidad para entenderle porque pertenece a otro mundo, a una élite distante (*le falta calle*, dirían los adolescentes españoles). Por otra parte, *Briony* representa la mirada consciente sobre la violencia como forma de hacer género, por lo que trata de entender si la conducta violenta de *Jamie* es una *forma de actuar,* de comportarse de acuerdo con lo que es *ser un hombre* para *Jamie* en su contexto. A pesar de ello, le recomienda buscar atención en salud mental, algo que ocurre a menudo cuando se habla de la *violencia de género*, que se pretende trabajar únicamente desde esa perspectiva, obviando el significado identitario y simbólico de esas manifestaciones violentas.

8.2. Identidad social, masculinidad y violencia

Connell y Messerschmidt (2005) propusieron el concepto de masculinidades como el conjunto de las formas diversas de *ser y manifestarse hombre* en un contexto histórico y contextual concreto y en relación con su estructura social de poder.

La masculinidad hegemónica se define como aquella que es dominante en una sociedad, no tanto por cuántos hombres la encarnen, sino porque es la vara de medir socialmente a todas las personas. Nuestro sistema de género es profundamente binarista, de manera que la masculinidad hegemónica no solo va a construirse en torno a la corporalidad masculina, sino a la heterosexualidad y en oposición a la feminidad. El cuerpo y lo que se hace con el cuerpo se convierten en un medio de validación de la masculinidad hegemónica, en un territorio para demostrar dominio y poder. Encontramos muchos ejemplos en la serie. Los dos personajes adultos masculinos con mayor presencia, el policía y el padre, se caracterizan por sus cuerpos musculados. Frente a la sargento *Frank*, el inspector *Bascombe* responde al estereotipo de policía atlético. En la escuela, un compañero se burla de *Ryan* porque *Jade* le ha golpeado, *¡una chica!*, qué mayor humillación que esa. Por su parte, *Jamie*, usa la corporalidad como herramienta para demostrarse despectivo o intimidante. Así, cuando *Briony* le pregunta qué es ser un hombre, él responde "*¿quieres que hablemos de pollas y huevos?*". Al tiempo que, en otros momentos, se levanta, rompe la horizontalidad de la interacción y se dirige a ella desde una posición superior de dominio. En relación con la sexualidad, lo observamos cuando *Briony* le pregunta si le atraen las mujeres y él responde "*Sí, NO soy gay*" mientras su gesto expresa algo así como, "*obvio, ¿qué pregunta es esa?*".

Lo relevante aquí es que las masculinidades y las feminidades (desafortunadamente, menos estudiadas) no son algo abstracto, sino que se *encarnan* a través de la socialización y de las relaciones y las prácticas cotidianas (el lenguaje, los gestos, la ocupación del espacio público, la ropa, los intereses, etc...). Masculinidad/feminidad forman parte de nuestra identidad, de cómo construimos y experimentamos quiénes somos y cómo somos identificados y reconocidos por las demás personas. Precisamente, la adolescencia es un momento crítico en el desarrollo de la identidad social y personal. Ser un hombre o ser una mujer u otra identidad sexogenérica es una de las metas por alcanzar. Aprendemos a lo largo de la infancia cómo pensar, sentir y actuar para *ser* hombres o mujeres, pero es en la adolescencia cuando tenemos que experimentar, hacer, sentirnos y pensarnos en diversas situaciones. En ese momento cobra

fuerza el contexto particular de los iguales, las relaciones de amistad, de *colegueo* y, también, las relaciones afectivosexuales.

La masculinidad hegemónica en nuestro entorno se identifica con la fuerza física, la represión emocional, la competitividad, la dominación y la heterosexualidad (y, según *Briony*, en Inglaterra, se asocia a ver deporte –sobre todo fútbol– e ir al pub –donde se crean comunidades masculinas–). En la escuela y en el ocio adolescente, el ideal de masculinidad hegemónica favorecerá dinámicas de dominación, el culto al cuerpo atlético y la hipersexualización de las chicas. No todos los adolescentes construyen su identidad en línea con la masculinidad hegemónica. Algunos no la interiorizan, aunque la pueden imitar en situaciones concretas, mientras que otros se resisten o redefinen la masculinidad. Los cambios sociales han permitido que esa masculinidad no sea tan hegemónica, pero todavía algunos tratarán de acceder al modelo por cualquier vía. Así, algunos chicos, por ejemplo, utilizarán el riesgo y la violencia como formas de lograr o afirmar su masculinidad y de posicionarse en un lugar dominante (o recuperarlo).

Esto nos permite entender que la violencia juvenil, a menudo, no es instrumental, sino que funciona como un acto simbólico y un ejercicio de dominación. Como forma de hacer género, de reconocerse y de ser reconocido como hombre, la violencia, especialmente la violencia física y la intimidación, no se dirigirá solo a las mujeres (ni siquiera mayoritariamente hacia ellas, excepto la violencia sexual), sino que se orientará frecuentemente contra otros chicos que sean percibidos como débiles, sumisos, temerosos, prudentes, *frikis* (*nerds*), pringados, afeminados, *maricones*, gays o que, de alguna forma, pongan en cuestión su lugar social dominante, como puede ocurrir con los más estudiosos o los mejor valorados académicamente. Según Messerschmidt (2009), la violencia en adolescentes comúnmente aparece como una acción compensatoria ante situaciones o personas que les humillan o que les hacen parecer *menos* que otros. Los estudios confirman que los chicos y chicas que se alejan de los ideales de masculinidad y feminidad reciben más rechazo escolar, violencia y acoso. Así, los y las adolescentes que tienen dificultades de aprendizaje, que resultan menos atractivos/as, que tienen sobrepeso, que son menos hábiles en deportes como el fútbol y las personas LGTBIQ, tienen un mayor riesgo de sufrir acoso. Y a lo largo de la vida, los delitos de odio o la violencia en entornos de competición deportiva siguen respondiendo a dinámicas de dominación que buscan la reafirmación de la masculinidad hegemónica.

En la serie se sugiere que la socialización paterna, por una parte, y la subcultura adolescente, por otra, influyeron en que *Jamie* optara por *resolver* (compensar) el rechazo y la humillación por parte de *Katie* queriéndola asustar, intentando someterla a sus deseos. Por eso es tan significativo que *Briony* le pregunte a *Jamie* "*¿Qué es para ti ser hombre?*" y, especialmente, "*¿Qué clase de hombres son tu padre y tu abuelo?*". Su padre, *Eddie*, es su referente; según su madre, lo idolatraba. Representa esa masculinidad que reprime las emociones (excepto el enfado y la ira), que expresa su frustración con gestos de distancia o de rechazo, que valora extraordinariamente el éxito deportivo y se avergüenza de la falta de destreza física de su hijo (era "*un paquete*"), como *Jamie* le cuenta a la psicóloga y el propio *Eddie* reconoce en el episodio final. Entendemos entonces el comportamiento de ambos en el primer episodio. *Jamie* lo elige adulto responsable para sorpresa y pesadumbre de la madre. *Eddie*, por su parte, está presente durante todo el proceso policial, trata de protegerlo, muestra su confianza en *Jamie*, pero inicialmente no lo consuela, no lo toca. Su primera reacción cuando ve el video incriminatorio es girar la cabeza: la vergüenza y la decepción una vez más. Pero, inmediatamente, vuelve a girarse y abraza a su hijo, rompiendo con los mandatos de esa masculinidad hegemónica y demostrando así que no es rígida e inamovible, que se puede cambiar. Esto abre una vía de esperanza sobre la capacidad de transformación social y personal de otras formas de entender la masculinidad, como veremos más adelante.

Briony trata de explorar si esta influencia paterna ha sido determinante, pero *Jamie* lo rebate, siente que está tratando de responsabilizar a su padre, cuando, más allá de la decepción en situaciones concretas, no es su padre quien le ha transmitido cómo sentirse ante las mujeres, ni quien le ha dado los argumentos para interpretar lo que ellas hacen, ni quien le ha facilitado el cuchillo. "*Mi padre es un buen tío (…) Mejor habla de mí. A él, déjalo*" le dice *Jamie* a *Briony*. Al final de la entrevista, la influencia de los iguales y de las redes sociales se expone con crudeza: la sexualización de las compañeras y el cuestionamiento de la sexualidad femenina en los grupos de iguales; las teorías de la manosfera digital sobre las mujeres; y el *empuje*, pequeño o no, de otros chicos frustrados, en este caso, de su amigo *Ryan* y, quizá, de *Tommy*.

8.3. Sobre armas y masculinidad

El cuchillo, que no veremos en ningún momento, tiene un importante significado narrativo y simbólico en la serie. Su existencia atraviesa el relato, como la masculinidad, y nos aporta información, no explícita, sobre el contexto socioemocional en el que ocurrió el asesinato y sobre cómo lo simbólico (la masculinidad) se materializa y desencadena daños irreparables en el mundo real. A menudo se dice que chicos y chicas no pueden escapar del acoso virtual, que por eso es más pernicioso que el acoso presencial, pero lo que trunca toda posibilidad de futuro es la muerte que ocurre en la realidad física. "*Está muerta*" le dice *Briony* a *Jamie*, "*¿Entiendes qué es la muerte?... Katie se ha ido y no volverá*".

No necesitamos ver el arma para ser conscientes del riesgo de daño letal que contiene. Sabemos que ver un arma o saber que alguien la lleva, ya atemoriza. Y que blandirla en una situación de conflicto o de tensión, resulta terriblemente intimidatorio. De manera que no hay dudas sobre que es mucho más fácil que una persona no se resista y se someta a las pretensiones de quien le amenaza con un arma. Es, quizá, lo que motiva a *Jamie* a conseguir un cuchillo y a llevarlo consigo. Recordemos que el contexto de la serie es una normalización del uso de armas blancas entre los adolescentes de Reino Unido.

Pero también sabemos que *las armas las carga el diablo*, por lo que llevar un arma convierte cualquier situación en potencialmente letal. Es obvio, pero no por eso trivial: las armas incrementan la probabilidad de lesiones graves e incluso de muerte en situaciones de tensión, conflicto o en la comisión de delitos. Aún más, las armas pueden actuar como un precipitador de las agresiones, incluso cuando no hubiera intención de usarlas, de manera que su mera presencia puede hacer que cualquier situación de tensión, no digamos ya de amenaza, escale rápidamente hasta la violencia grave. Esto implica que, cuando se tiene un arma en situaciones emocionalmente intensas, como la que *Jamie* propició con *Katie*, haga falta madurez de juicio para controlar la activación cognitiva y emocional que produce e inhibir el impulso de usarla. Y en la adolescencia, como señalábamos, todavía no se ha alcanzado esa madurez.

Ciertamente, lo que pretendía *Jamie* era asustar a *Katie*, amedrentarla para que se sometiera. No queda claro si pretendía que se *aviniera* de una forma viciada a salir con él o si buscaba que el acoso en redes cesara; pero, en todo caso: ¿cómo manejar la situación si la intimidación no funciona? En nuestro imaginario, un arma es siempre una extensión de la persona que la porta. Quizá, para *Katie*, fue una extensión de su *poca valía* social y no se amilanó. En ese caso, *Jamie* hubiera necesitado mucho autocontrol y aceptar que no era ni atractivo ni fuerte, que el desprecio de *Katie* sería aún mayor en adelante, que sería tildado de cobarde por los iguales, que las burlas serían constantes y afrontar que, quizá, los adultos se enterarían y pasaría a ser considerado inadaptado y peligroso. Pero *Jamie* no tuvo ese control. Como espectadoras, el cuchillo acaba siendo una extensión de su frustración, de su rabia, de su inmadurez y de su necesidad de acceder a alguna forma de estatus y poder. Porque, desafortunadamente, así es: llevar armas funciona como un indicador de estatus y de atractivo en el grupo de iguales y amigos en el contexto social en el que transcurre la serie (Dijkstra, et al., 2010), pero también en otros.

Un arma es un instrumento, pero es también un símbolo de poder, fuerza, dominio, imposición, control, autoridad; y, desde luego, de autodefensa, de capacidad de resolver los problemas por uno mismo. Es decir, un arma es símbolo de todo aquello que se asocia a la masculinidad hegemónica. Así pues, el cuchillo en la serie representa esa masculinidad que se logra o se afirma en la violencia física y sexual. Y representa, igualmente, los rituales de masculinidad compartida. En la escuela, se descubre que *Ryan* fue quien le facilitó el cuchillo a *Jamie*. Con ese hecho, el dominio de la situación deja de ser algo imaginado, ficticio y se convierte en una posibilidad real para *Jamie*. Tan real como la posibilidad de una muerte que nunca contempló ni es capaz de asumir durante la mayor parte de la serie. El amigo deja de ser un compañero de juegos para ser un colega y un cómplice, que no solo le dio el cuchillo, sino que lo silenció, que no alertó del peligro, que trató de ocultarlo a la policía. Quién sabe si lo alentó, pero seguro que escuchó y validó todo un relato sobre qué podría obtener *Jamie* si tuviera un arma.

Las entrevistas a jóvenes que llevan o han usado armas revelan que, para muchos de ellos, las armas les permiten alcanzar una identidad social compartida con su grupo, una identidad que se construye alrededor de la chulería, la lealtad a los colegas, la reputación dentro del grupo, la búsqueda de respeto y, en conjunto, de una forma de masculinidad desafiante, influenciada por el código de las calles y por experiencias de victimización (recordemos el solapamiento víctima/victimario) (Figueira et al., 2024). Los códigos han cambiado, se han diversificado y ampliado, de manera que las redes sociales han amplificado formas de masculinidad igualmente agresivas, pero que parten del agravio más que del desafío, del resentimiento por percibirse desplazados por las mujeres y otros grupos minoritarios, más que de la exclusión social. Es una masculinidad que se construye más desde el victimismo y la queja: el estatus me correspondía y me lo han quitado. La masculinidad en redes, a la que la serie alude, se nutre de estos sentimientos de agravio.

8.4. Violencia contra las mujeres, misoginia y extremismo incel

La violencia contra las mujeres es un grave problema de salud pública en todo el mundo y una violación de los derechos humanos que resulta del sistema de género y lo reproduce. De acuerdo con el Convenio de Estambul, *sobre prevención y lucha contra la violencia contra las mujeres y la violencia doméstica* (2011), se entiende por *violencia contra las mujeres* aquella que las mujeres reciben por ser mujeres o que les afecta desproporcionadamente. En este sentido, no se incluyen delitos instrumentales (como un robo casual) o conflictos entre iguales en las que no se observa desigualdad. No obstante, como las cuestiones de género pueden ser muy sutiles o estar normalizadas, es importante valorar las relaciones de poder existentes.

La violencia de pareja ha sido y sigue siendo *la violencia contra las mujeres* más común globalmente. Quizá por eso, en España se ha cogido la parte por el todo y se denomina violencia de género, exclusivamente, a la que sufren las mujeres a manos de sus parejas o exparejas. En realidad, la violencia vinculada al género es mucho más amplia y afecta a todas las personas, como hemos visto. No es que la violencia de pareja no tenga género, es que mucha otra violencia contiene género. Aunque algunas violencias entre chicos (o entre chicas) son una forma de competición de género entre iguales, la *violencia contra las mujeres* en esta estructura desigual siempre contiene un elemento de sometimiento. En este sentido, se entiende que las violencias contra las mujeres no son actos aislados, aleatorios, sin significado social, sino manifestaciones del sistema de género que envían un mensaje a las mujeres, tanto individual como grupal, de jerarquía, de subordinación. Por eso, existe toda una ideología de género (entendida como el sistema de ideas que legitima el género como estructura de poder) que las justifica, las disculpa, las invisibiliza, las hace parecer triviales, las niega o culpa a las víctimas. Es lo que se denomina cultura de la violación cuando se refiere a las violencias sexuales.

La cultura de la violación es, pues, un sistema de creencias y prácticas que naturaliza y tolera las agresiones sexuales y minimiza el daño que producen. En la cultura de la violación, se entiende que el deseo masculino es irrefrenable, se exige a las mujeres que se cuiden y se protejan y se les culpa de las violencias que sufren. La cultura de la violación está muy presente en el relato que *Jamie* hace de lo que precedió al asesinato y lo que *no* ocurrió después ("*podría haberla tocado, pero no lo hice*"). Y subyace a su constante negación de responsabilidad en el asesinato, porque la cultura de la violación facilita la desconexión moral con respecto a la víctima y a la violencia física o sexual ejercida. De lo que relata, cabe destacar un aspecto claramente vinculado al sistema de género: el "éxito" sexual sirve para ganar estatus en los chicos y para perderlo en las chicas. Así, las chicas serán acosadas por su sexualidad o a través de la sexualización y cosificación, como cuando sus cuerpos son expuestos y juzgados, como le ocurrió a *Katie*. Los chicos, en cambio, serán acosados, como *Jamie*, por no tener relaciones afectivosexuales. *Katie* fue considerada una *zorra* por sus compañeros y lo sigue siendo por *Jamie* en el episodio 3, cuando en realidad fue víctima de la exposición no consentida de una foto que ella había compartido con un compañero.

Únicamente un personaje en toda la serie, *Jade*, reacciona con rotundidad ante el atisbo de que *Katie* pudiera pasar de ser una víctima, a ser juzgada como merecedora de lo que le ocurrió. Por eso se niega a hablar de ella, de sus relaciones, de sus intereses: *"Todo lo que necesitan saber es que ella está muerta. No debería estarlo. Porque la apuñalaron."* A su manera, expresa el temor a que la vida de *Katie* sea utilizada para justificar la agresión, como tantas y tantas veces ha ocurrido con las víctimas de violación.

Para algunas autoras, lo que se oculta tras la cultura de la violación y otras creencias y prácticas sociales que violentan a las mujeres es la misoginia. La misoginia se define como el odio o aversión hacia las mujeres y actúa como un mecanismo de control social que trata de mantenerlas subordinadas y castiga a las mujeres que no cumplen con los mandatos de género. Es la forma más extrema y perniciosa de la ideología de género, tal y como aquí la hemos definido, que se expresa en las relaciones personales y en situaciones cotidianas, pero también en otros ámbitos como el funcionamiento institucional o las políticas públicas, entre otros.

La misoginia subyace a lo que se ha denominado manosfera. La manosfera es una red informal de foros, blogs, canales y comunidades digitales que promueven actitudes, creencias y teorías abiertamente hostiles hacia las mujeres. Naturalizan (esencializan) la desigualdad, incluso hablan de supremacía masculina, y justifican vilipendiar, ultrajar o violentar a las mujeres, especialmente a aquellas que no se ajustan a sus ideales sexistas o no se someten a sus deseos. Una de esas comunidades de masculinidad agraviada es la comunidad *Incel* (*Involuntary celibate*). La comunidad *Incel* surge hace algo más de dos décadas como una vía de conectar a personas que tenían dificultades para encontrar pareja. Veinte años después, los *Incels* conforman una comunidad *online* de hombres que se sienten unidos por su incapacidad para mantener relaciones afectivas o sexuales con mujeres y las culpabilizan de ello (Costello et alt., 2025). Los *Incel* despliegan discursos de odio y resentimiento hacia las mujeres y de desprecio hacia los hombres atractivos. No solo deshumanizan a las mujeres, lo que ya es dañino y peligroso, sino que fomentan e, incluso, glorifican la violencia. La pseudoteoría, constantemente repetida por la comunidad *Incel,* de que al 80% de las mujeres solo le gusta el 20% de los hombres que responden a un estereotipo de masculinidad que los deja fuera, genera ansiedad e impotencia. La hipótesis de que esa ira y frustración colectivas que se cuajan en redes, acompañadas de la apología de la violencia, pueda hacer que algunos hombres den un paso adelante y pasen a la acción está presente en la serie de manera tamizada, quizás influido por los amigos que le dan el cuchillo con el que finalmente mata a *Katie*.

De hecho, hay precedentes de paso a la acción en el tiroteo y acuchillamiento de siete personas por parte Elliot Rodger en Isla Vista (2014, California) que vino precedido de mensajes en redes en las que muestra la frustración por ser virgen a los 22 años y añade "os voy a castigar a todas por esto". También en el atropello múltiple que perpetró *Alek Minassian* en 2018 y que mató a 10 personas, hiriendo a otras 16. Declaró que se había radicalizado en redes y que el atropello formaba parte de una misión vinculada al movimiento *Incel*. Por ello, el extremismo *Incel* se ha llegado a considerar una amenaza cercana al terrorismo, haciendo necesaria una agenda de investigación que permita conocer mejor si se debe abordar como una forma de radicalización violenta (Hart & Huber, 2023) o como una incapacidad para gestionar frustraciones o, incluso, un problema de salud mental.

Los mensajes misóginos y las teorías manosféricas (*conspiranoicas*, dirá *Jamie*) no solo circulan en comunidades cerradas o entre seguidores de ciertos *influencers* o pódcast, sino que se han infiltrado en los espacios digitales *mainstream* y en la subcultura adolescente, como se refleja en la serie. *Jamie* dice que no le gusta lo que ha visto o leído en la manosfera, pero comparte algunas de sus actitudes y formas de relacionarse con las mujeres, como aprovecharse de la vulnerabilidad de *Katie* o utilizar formas de manipulación emocional con *Briony*. Y esas prácticas y actitudes están presentes, igualmente, en la forma de comunicarse, de reconocerse y de hacerse daño del conjunto de los adolescentes que vemos en la serie.

8.5. Equidad y prevención de la violencia

Como hemos dicho en otros lugares, la masculinidad hegemónica no explica por sí sola la violencia juvenil (Barberet & Bartolomé Gutiérrez, 2021), pero la facilita, la impulsa en situaciones de competición, de presión de grupo o en las relaciones sexoafectivas. Por su parte, la ideología de género hace que no siempre sea castigada, sino que sea justificada o validada socialmente. En este sentido, podríamos hipotetizar que cuanto más hegemónica sea esa masculinidad agresiva, más violencia juvenil existirá. De acuerdo con esto, se ha propuesto que el marcado descenso de la violencia juvenil desde los años 90 en algunos países estaría vinculado, en cierta medida, al desarrollo de sociedades más igualitarias (Fernández-Molina & Bartolomé-Gutiérrez, 2020).

En esta línea, se defiende que los esfuerzos sociales e institucionales por conseguir una sociedad más equitativa e igualitaria habrían tenido (y seguirían teniendo) un efecto preventivo. Como se sugiere al final del episodio 1, la construcción de la masculinidad es flexible, puede cambiar. Por el contrario, si se produjera un mayor reconocimiento social de esa masculinidad (como se propugna en la manosfera, pero también en discursos fuera de ella), se podría crear un contexto de riesgo que favoreciera la violencia juvenil. Los datos no son concluyentes al respecto, pero hay evidencia de que las familias democráticas y equitativas, con figuras parentales que rompen con la masculinidad hegemónica, tienden a favorecer masculinidades no violentas en los hijos. En contraste, entornos más rígidos, jerárquicos o autoritarios, fomentan formas de masculinidad más dominantes y agresivas (Messerschmidt, 2019). Por ello, se han implementado diversos programas y actuaciones dirigidos a prevenir la delincuencia favoreciendo la construcción de una masculinidad que se reafirme en la no-violencia (Barberet & Bartolomé-Gutiérrez, 2021)

Desde posiciones menos comprometidas con la perspectiva de género, como el modelo *Risk-Need-Responsivity* (ver capítulo 3), se propone la necesidad de adoptar la perspectiva de la Criminología evolutiva para desarrollar estrategias de prevención e intervención eficaces en la radicalización violenta de jóvenes. Se defiende que la madurez psicosocial y la exposición a factores de riesgo y protección durante la adolescencia, incluidos los problemas de salud mental, influyen significativamente en la susceptibilidad de los jóvenes al extremismo violento. Pero también se señala que es importante tomar en consideración la formación de la identidad. Por tanto, fomentar una expresión más sana de la frustración o el rechazo será importante, pero requerirá de cierta conciencia crítica sobre el género y la masculinidad (Broyd et al., 2023; Utterback, 2024).

Por lo que respecta a la alfabetización digital que tanto preocupa a los adultos, ciertamente es importante para navegar en un mundo que tiene mucha presencia en la vida adolescente. Son muchos los estudios científicos que se han adentrado en analizar el uso de redes por adolescentes y las consecuencias de su abuso sin llegar a resultados concluyentes sobre la relación con salud mental, pero sí han determinado que quienes tienen problemas de salud mental (ansiedad, soledad no deseada, depresión) consultan más las redes. También es posible que los adolescentes con problemas acudan a esa vía con más frecuencia (Fassi 2025, Kelly et al., 2019). Por ello, como ocurrió con la televisión, los videojuegos y otros cambios tecnológicos, hay indicios de que las intervenciones dirigidas a la salud mental y la ideología (de género, en nuestra opinión) pueden ser más eficaces en la prevención de la radicalización y la violencia que las centradas únicamente en las redes sociales (Costello et al., 2025). Aunque nos atribulemos ante las redes sociales, los *emojis* o los neologismos, estamos ante el mismo perro con distinto collar. Necesitamos entender las redes, pero, sobre todo, necesitamos entender y atender a los procesos sociales e identitarios durante la adolescencia.

Cuestiones transversales. Algunas conclusiones

La serie parece abordar en cada capítulo un tema, tira de un posible hilo que nos permita explicar por qué Jamie mató a Katie: la influencia de los pares, su carácter y mentalidad, su familia. Aunque lo hace de una manera muy exploratoria, sin enjuiciar ni concluir, también está influida por la mirada de quienes han creado la serie, una mirada adulta, masculina y comprometida con la realidad que explora *un hecho extraordinario*. Son esas cuestiones transversales que atraviesan la serie con las que se concluye este libro.

9.1. La mirada adulta

Adolescencia es una serie sobre adolescentes hecha por adultos, con una mirada inevitablemente sesgada, adultocéntrica. Es por ello que la serie ha atrapado especialmente a los padres de adolescentes, porque les muestra un mundo que desconocen y les preocupa a partes iguales. Se podría decir que es una serie que refleja más los miedos adultos sobre lo que hacen sus jóvenes, que la realidad misma. El debate público que ha generado *Adolescencia* ha sido también absolutamente adultocéntrico y gran parte de su éxito ha sido confirmar a los adultos los riesgos de esta sociedad hipertecnológica que creen que está deshumanizando a nuestros jóvenes. Desde un prisma de superioridad, *Adolescencia* interpreta el mundo adolescente, pero sin contar con ellos. Presenta, principalmente, una realidad tóxica de tecnología, machismo y de falta de moral. E ignora parte de lo que también son las nuevas generaciones: más solidarias, tolerantes y sensibles con la diversidad (Ross et al., 2024). Y es que habría que advertir que cuando los adultos interpretan el mundo adolescente y/o juvenil lo hacen bajo la influencia de ciertos sesgos que convendría tener en cuenta.

Por lo general, los adultos de cada generación tienden a valorar negativamente el comportamiento que exhiben los jóvenes, sus valores o la supuesta falta de respeto hacia los mayores y las figuras de autoridad. Esta percepción adulta de degradación constante se ha denominado el efecto "los chicos de hoy día" (*kids these days effect*) (Protzko & Schooler, 2019). Este efecto se produce cuando los adultos comparan a los jóvenes de hoy día con los de su generación, incurriendo en un error de percepción; ya que se proyectan hacia su pasado (recordando cómo eran como jóvenes), pero con las capacidades, competencias y recursos que tienen hoy día y no con las que tenían entonces. Este sesgo llevaría a los adultos a juzgar el comportamiento de los jóvenes de acuerdo con unas expectativas irreales, reclamando siempre un comportamiento mucho más ejemplar de lo que cabría esperar. *Adolescencia* se desarrolla bajo esa mirada sesgada y preocupada por el futuro incierto que representan los jóvenes de hoy en día.

Como causante principal de los males que supuestamente pervierten a la juventud se presenta a la tecnología, que ha cambiado, a través de las redes sociales, muchas de las formas y los códigos de comunicación. Esto tampoco es nuevo. Tradicionalmente cada generación ha adoptado nuevos códigos de comunicación y diversas estéticas, como parte de su propio proceso identitario. Esas formas siempre han sido percibidas con hostilidad por los adultos, simplemente porque son diferentes, no son las suyas y porque, por definición, son incomprensibles para los adultos, porque para ello fueron generadas. Esto ocurre en *Adolescencia*, por ejemplo, cuando los iconos y sus representaciones simbólicas en los mensajes compartidos en redes sociales adquieren significados desconocidos para los policías adultos. Sin embargo, a pesar de su adultocentrismo, la serie otorga cierto valor al mundo de los adolescentes porque reconoce que les necesita. Así, es *Adam*, el hijo del inspector *Bascombe*, el que sale al rescate de su padre cuando lo percibe perdido en su investigación sobre lo sucedido y le explica lo que significan los mensajes en *Instagram*.

Esta anécdota en la que la investigación sobre un asesinato juvenil se reorienta gracias a la intervención de un joven es un buen ejemplo de lo que desde algunos sectores se reclama para hacer políticas más efectivas. Superar el adultocentrismo significa entender que los niños, especialmente a partir de la adolescencia, tienen algo que aportar en el debate sobre las acciones o decisiones que se van a adoptar y que les afectan. Por ello, desde los movimientos y asociaciones que promueven los derechos de la infancia se apela a que los jóvenes sean consultados para aportar su perspectiva y así enriquecer las actuaciones que se realizan para ellos. Su falta de experiencia vital o conocimientos, que antes justificaba su posición en un segundo plano, es relativizada ahora reclamando su intervención para enriquecer las decisiones que se adoptan. Así, se reivindica su participación en el diseño de políticas públicas, en la organización de la vida familiar, escolar o comunitaria.

La investigación científica sobre infancia y adolescencia y una consolidación internacional (y nacional) de sus derechos específicos están ayudando a que bajemos la mirada a su nivel e intentemos ver la realidad desde su altura. La forma de entender niños, niñas y adolescentes como sujetos de derecho a quienes corresponden derechos de protección por su situación de dependencia y vulnerabilidad, pero también derechos de participación por su consideración como sujetos con intereses propios que deben ser atendidos, ha fomentado que las instituciones se adapten para escucharlos y atenderlos. Por ello, la serie nos muestra de qué manera las instituciones adultas y, de alguna manera hostiles, como es la justicia penal juvenil, tratan de adaptarse a las necesidades de los menores. Integran profesionales especializados, utilizan un lenguaje adaptado en toda comunicación e información, el proceso se acelera, se cuenta con la presencia de los padres, se atiende a sus necesidades básicas y específicas. Importa cuidar y atender al menor porque así nos comprometemos con sus necesidades y derechos, pero también lo hacemos por interés. Un menor que se siente escuchado, que comprende, que se siente en confianza con la institución y sus profesionales, las entiende como legítimas, colabora más espontáneamente y finalmente, la medida judicial tiene un mayor impacto educativo y responsabilizador. Algo que está en la esencia de la intervención con menores que delinquen y que debería extenderse a otras instituciones y adultos que trabajan con y por la infancia y la adolescencia.

9.2. La mirada masculina

La serie se ha construido desde una mirada masculina *y* gira en torno a hombres que tratan de entender a otros hombres y, también, a sí mismos. Al intentar responder a la pregunta inicial –¿por qué un adolescente mata a otra *adolescente*?– los creadores han privilegiado a los personajes masculinos: el agresor, el padre y el policía.

En este sentido, *Jamie* representa la adolescencia, pero especialmente la adolescencia de los chicos. El proceso de madurar es universal, pero es también una experiencia situada, marcada por el contexto y la cultura. Así, esta serie se centra en la experiencia de ser un chico de 13 años en el entorno concreto de Reino Unido en el siglo XXI y nos la muestra a través de *Jamie*.

Los hombres son, pues, el centro de la narración. Las mujeres suelen estar en un segundo plano; en ocasiones, parecen figurantes más que personajes secundarios. Quizá, como veremos más adelante, los creadores están tratando de evitar la mirada dominante e inquisitiva de los hombres sobre las mujeres, habitual en el cine y las series (*male gaze*), pero acaban silenciando o desdibujando la experiencia de las mujeres. Ciertamente, la narrativa de la serie no erotiza a *Katie* ni al resto de personajes femeninos, lo cual es un cambio de paradigma trascendental. Pero, desafortunadamente, no nos muestra apenas nada de la experiencia de ser una chica de 13 años en *Reino Unido*. Las chicas son nombradas en cuanto objeto de deseo de los chicos y por las consecuencias de los actos de estos, pero no sabemos cómo lo viven ellas ni podemos valorar en profundidad su agencia en relación con lo que ocurrió. *Jamie* es analizado y humanizado, pues tratamos de comprenderlo. Mientras, *Katie* es solo recordada. No es invisible, pues está simbólicamente presente de diversas formas, pero no tiene autonomía narrativa, no tiene voz propia, solo la escuchamos entonando una canción que no nos ayuda a comprenderla.

A pesar de ello, como anticipábamos, la mirada masculina en la serie no es acrítica, resultado simplemente de la propia posición en el mundo de los creadores de la serie, sino que aborda una cuestión incómoda tanto para la ciencia como para la sociedad: ¿por qué la mayoría de adolescentes que matan son chicos? Los creadores parecen bien conscientes de que, independientemente del contexto, la mayoría de quienes matan violentamente a otras personas son hombres, aunque en ningún momento este hecho se explicite. Y eso los lleva a plantear que, en la experiencia de ser un chico de 13 años, el género tiene un impacto fundamental. Así, la construcción de la masculinidad en la adolescencia se convierte en uno de los ejes centrales de la serie (vid. capítulo 7).

De acuerdo con ello, a lo largo de los episodios, vemos como *Jamie* está construyendo y negociando su identidad como hombre con su familia, en relación, especialmente, con su padre (marcado, a su vez, por sus experiencias con su propio padre, mostrando que la socialización es un proceso intergeneracional). También aprende de y negocia con los iguales. Entre los iguales, unos pocos son colegas, pero la mayoría de los chicos parece conformar un conjunto de observadores burlones. Es decir, más que un grupo de apoyo o cercanía, el conjunto de compañeros actúa como una estructura de regulación horizontal que evalúa y sanciona su masculinidad. Y todo ello resulta reforzado por los aprendizajes y experiencias en el mundo social digital, un mundo que combina relaciones horizontales y verticales en el que la masculinidad agraviada está muy presente.

Por tanto, en esta serie, la mirada masculina trata de ser crítica, de problematizar la construcción de la masculinidad. En este sentido, Jamie es un reflejo perturbador de la construcción de la masculinidad contemporánea en los países occidentales y muestra las tensiones en este proceso. Podría ser un espejo en el que se miraran otros adolescentes, pero como la perspectiva es también adultocéntrica, como ya hemos comentado, no parece funcionar de esa forma y son los adultos quienes más se han sentido concernidos por la serie. Y, desafortunadamente, no se ha dejado espacio para un diálogo con las chicas ni con las víctimas a las que *Katie* representa.

Quizá el personaje femenino que rompe más claramente con la mirada masculina tradicional es la psicóloga, *Briony*. Ella aporta una perspectiva distinta al caso y es quien nos revela con más claridad que la construcción de la masculinidad es tremendamente relevante para entender a *Jamie*, dando significado a otros momentos de la serie. Frente a la corporalidad tensa, defensiva e incluso agresiva de *Jamie* (y la presencia intrusiva del funcionario de seguridad), *Briony* utiliza la palabra, el diálogo y la observación. Rompe con la tradicional mirada evaluativa de los hombres sobre las mujeres (y sobre su cuerpo), especialmente sobre las mujeres jóvenes, y es ella quien analiza y quien evalúa.

Una vez más, el plano secuencia resulta fundamental para este cambio hacia una mirada masculina más crítica. Como comentábamos al inicio de esta obra, esta forma de rodaje convierte cada episodio en una experiencia inmersiva y el espectador se ve "obligado" a habitar el mismo espacio que los personajes. En las escenas con *Briony*, la tensión llega a ser enorme y nos abruma por momentos. Estamos encerrados en esa sala y somos partícipes incómodos de la mirada analítica de la psicóloga. Nos mantenemos atentos, junto a ella, a todos los gestos, los exabruptos, las respuestas evasivas, las muestras de vulnerabilidad y los silencios de Jamie, incluso de lo que hace con el sándwich; también sentimos su agotamiento. No nos queda más remedio que observar, sentir y pensar sobre esa masculinidad desenmascarada. Pero irremediablemente, también tratamos de entender a *Briony* y eso resulta más confuso. Una vez más, nos quedan dudas: ¿Qué busca, en realidad? ¿Está manipulando a Jamie? ¿Cuál será su valoración profesional? ¿Cómo se rehace tras la dura despedida? Tampoco existe un diálogo que nos permita entenderla a ella.

Así pues, la serie consigue subvertir solo parcialmente la mirada masculina tradicional sobre hombres y mujeres, porque no consigue convertir a las mujeres en sujetos de experiencia, de agencia, de interés narrativo o de acción. Hay cambios de perspectiva muy interesantes, es indudable. Así, es el escrutinio de una mujer, *Briony*, lo que desvela el papel de la masculinidad. Igualmente, es la reflexividad y resiliencia de la madre lo que ayuda a la reconstrucción familiar. Y la hermana es un ejemplo de templanza y de afrontamiento. Pero, en conjunto, no nos ofrece una visión plural del caso, ni de la adolescencia, ni de la construcción de la identidad sexogenérica. En realidad, necesitaríamos otra serie para conocerlas un poco más a ellas y, sobre todo, a *Katie* y, través de ella, saber algo más de las mujeres víctimas. Debería ser una serie que no las situara en los márgenes de la narración y que se construyera desde sus vivencias, sus experiencias, sus decisiones, sus miedos y sus anhelos. Sirva esta pequeña reflexión como invitación a imaginar esos otros relatos posibles.

9.3. Responsabilidad social

La serie *Adolescencia* nos adentra en uno de los conflictos sociales y jurídicos más complejos, el de cómo gestionar la comisión de delitos muy graves por parte quienes no han llegado a la mayoría de edad. A la estupefacción de que algo así pueda producirse, se suman las dudas sobre su culpabilidad y responsabilidad penal, ¿realmente no era consciente de lo que hacía? ¿no sabía que estaba mal? ¿algo tan grave? Y, sobre todo, ¿por qué lo ha hecho? La serie nos lleva a las raíces de la cuestión, a las razones que puede haber detrás de un asunto de la gravedad del que se retrata en pantalla. Esa pregunta nos lleva a otra ¿qué podemos hacer para que no vuelva a pasar? ¿para evitar todo el sufrimiento que supone para los afectados directamente y su entorno?

En ese barrido por las razones, sinrazones y circunstancias tras el delito, la serie nos lleva de la mano –en ese magnífico plano secuencia único– por todos los rincones, espacios, personas que pueden aportar algo de luz sobre la muerte de *Katie* a manos de *Jamie*. La serie apunta en tres direcciones que habitualmente se consideran explicaciones de la violencia pero que, por supuesto, no pretenden justificar lo que ocurrió. Para empezar, nos lleva a la relación con sus pares, tanto en la escuela, como fuera de ella a través de redes. Ahí aparece una escuela caótica, una compañera acosadora y revictimizada, unos compañeros silentes y otros cómplices en la situación de agresión. En un segundo momento, nos introduce en la cabeza de *Jamie* a través de las preguntas de la psicóloga forense, para evidenciar cuál es su carácter, sus opiniones, sus sentimientos o su visión del mundo. Finalmente, los padres reflexionan en un episodio final sobre su responsabilidad a través de los momentos en que podrían haberlo hecho de otra manera, en la que podrían haber estado más atentos a las señales de un *Jamie* rebelde, encerrado en su habitación, sufriendo en silencio una violencia que iba a explotar de una manera inesperada.

Sobre todo, es una serie que nos habla de que vivir es un riesgo, de que los adolescentes son vulnerables y de que la socialización debe ser una tarea compartida. Tras un delito grave cometido por un menor de edad puede que también esté la responsabilidad de todos. Principalmente adultos, pero también de los adolescentes. Es una responsabilidad colectiva que debemos asumir individualmente. Somos responsables cuando quitamos autoridad al profesor en el aula y damos la razón incondicionalmente a nuestros adolescentes, cuando no nos tomamos en serio las condiciones laborales en las escuelas, cuando nos ponemos del lado de quien golpea (por miedo a ser golpeado o por aspiración a estar en su lugar golpeando y ejerciendo poder), cuando miramos a otro lado ante el sufrimiento de otros compañeros, cuando nos acunamos más fácilmente en la cobardía que en la valentía. De alguna manera también somos responsables cuando mantenemos una cómoda distancia que se abre con la adolescencia, cuando anteponemos nuestras preocupaciones a las suyas, cuando nos avergonzamos de ellos sin comprenderlos, cuando no los miramos de frente cuando ellos nos miran constantemente, cuando no cuestionamos lo que les enseñamos o cómo nos mostramos.

Así, frente a otras películas que se han analizado en esta colección, como *La naranja mecánica* que partía del "*nothing works*" en Criminología ("*¿Qué les pasa a ustedes? Estudiamos el problema, y venimos estudiándolo durante casi un siglo, y no hemos avanzado nada. Tienes un buen hogar, padres buenos y cariñosos, y un cere-*

bro no del todo malo. ¿Qué demonio te carcome?") y planteaba un debate sobre la rehabilitación, *Adolescencia* plantea un suceso terrible y extraordinario que, sin embargo, sucede en la cotidianidad de unas vidas adolescente. Esto puede llevarnos a preguntarnos no solo por lo que pueden hacer los profesionales, sino también: ¿Qué estaba haciendo yo cuando esto ocurría a mi alrededor? ¿Podría haber hecho algo? ¿Puedo hacerlo a partir de ahora? Por eso, aunque la serie resulte devastadora, no es desoladora. Invita a la acción comunitaria y al cuidado mutuo. No podemos controlar todos los riesgos –nadie puede hacerlo– pero sí podemos mirar y escuchar a los demás, alertar de que algo no va bien y mostrarnos disponibles para ofrecer ayuda. Por último, el episodio final es una ventana que nos permite ver la capacidad de aprendizaje y reconstrucción a pesar del dolor, de resiliencia frente a la adversidad.

10 Referencias bibliográficas

Andrews, D., y Bonta, J. (2006). *The Psychology of Criminal Conduct*. Anderson Publishing Co. (4ª Edición).

Barberet, R. & Bartolomé Gutiérrez, R. (2021). Masculinidades y criminología. *En Libro homenaje al profesor Luis Arroyo Zapatero: un derecho penal humanista* (pp. 69-86). Boletín Oficial del Estado.

Broyd, J., Boniface, L., Parsons, D., Murphy, D., & Hafferty, J. D. (2023). Incels, violence and mental disorder: A narrative review with recommendations for best practice in risk assessment and clinical intervention. *BJPsych Advances*, 29(4), 254-264.

Charles, N. E., Cowell, W., & Gulledge, L. M. (2022). Using the personality assessment inventory-adolescent in legal settings. *Journal of Personality Assessment, 104*(2), 192-202. http://doi.org/10.1080/00223891.2021.2019050

Connell, R. W. (1987/2003). Gender and Power: Society, the Person and Sexual Politics. John Wiley & Sons

Connell, R. W., & Messerschmidt, J. W. (2005). Hegemonic masculinity: Rethinking the concept. *Gender & Society*, 19(6), 829-859.

Costello, W., Whittaker, J., & Thomas, A. G. (2025). The dual pathways hypothesis of incel harm: A model of harmful attitudes and beliefs among involuntary celibates. *Archives of Sexual Behavior*, 1-22.

Crewe, B. (2011). Depth, weight, tightness: Revisiting the pains of imprisonment. *Punishment & society, 13*(5), 509-529. https://doi.org/10.1177/1462474511422172

Díaz-Aguado, M. J., Martínez-Arias, R., Falcón, L., & Alvariño, M. (2023). Acoso escolar y ciberacoso en España en la infancia y en la adolescencia. *Fund ColaCao*. Disponible en: https://fundacioncolacao.org/files/investigacion/Estudio_Acoso_Escolar_Fundacion_ColaCao_UCM.pdf

Dijkstra, J. K., Lindenberg, S., Veenstra, R., Steglich, C., Isaacs, J., Card, N. A., & Hodges, E. V. E. (2010). Influence and selection processes in weapon carrying during adolescence: The roles of status, aggression, and vulnerability. *Criminology, 48*(1), 187-220

Fassi, L., Ferguson, A. M., Przybylski, A. K., Ford, T. J., & Orben, A. (2025). Social media use in adolescents with and without mental health conditions. Nature Human Behaviour. https://doi.org/10.1038/s41562-025-02134-4

Feixa, C.. (2005). La habitación de los adolescentes. *Papeles Del CEIC: International Journal on Collective Identity Research, 2005*(16), 1-21.

Fernández-Molina, E., & Bartolomé Gutiérrez, R. (2020). Juvenile crime drop: What is happening with youth in Spain and why? *European Journal of Criminology*, 17(3), 306-331. https://doi.org/10.1177/1477370818792383

Fernández-Molina, E., & Montero, A. (2022). An Assessment of How Rights Are Read and Exercised at a Police Station. *European Journal on Criminal Policy and Research, 28*, 641-659 http://dx.doi.org/10.1007/s10610-021-09482-7

Figueira, A., Alleyne, E., & Wood, J. (2024). Fear and Masculinity as Motivational Narratives for Knife-Related Crime: A Systematic Review of the Literature. *Trauma, Violence, & Abuse, 25*(5), 4016-4029. https://doi.org/10.1177/15248380241266206

Garrido, V. (2024). *El psicópata integrado en la familia, la empresa y la política: Claves para neutralizarlo*. Ariel

Harris, J. R., Cernicharo, M., & Mas, D. (1999). *El mito de la educación: por qué los padres pueden influir muy poco en sus hijos* (1. ed). Grijalbo.

Hart, G., & Huber, A. R. (2023). Five Things We Need to Learn About Incel Extremism: Issues, Challenges and Avenues for Fresh Research. *Studies in Conflict & Terrorism*, 1-17. https://doi.org/10.1080/1057610X.2023.2195067

Hassemer, W. (2011). Neurociencias y culpabilidad en Derecho penal. *InDret*, 11 (2), 1-15.

Kelly, A. A., Ryan, T., Gray, D. L., McInerney, D. M., & Waters, L. (2014). Social media use and social connectedness in adolescents: The positives and the potential pitfalls. Educational and Developmental Psychologist, 31(1), 18-31. https://doi.org/10.1017/edp.2014.2

Klomek, A. B., Sourander, A., & Elonheimo, H. (2015). Bullying by peers in childhood and effects on psychopathology, suicidality, and criminality in adulthood. *The Lancet*, *2*, 930-941.

Messerschmidt, J. (2019). *Nine lives: Adolescent masculinities, the body and violence*. Routledge.

Morduchowicz, R. (2022). *Los adolescentes del siglo XXI: Los consumos culturales en un mundo de pantallas*. Fondo de Cultura Económica Argentina. https://ebook.yourcloudlibrary.com/library/oclc/detail/ameffwg9

Moreno C, Rivera F, Sánchez-Queija, I et al. (2025) Informe comparativo de las ediciones 2002-2006-2010-2014-2018-2022 del estudio HBSC en España. https://www.sanidad.gob.es/areas/promocionPrevencion/entornosSaludables/escuela/estudioHBSC/edicionesAnteriores/estudiosComparativos/docs/Comparativo2002a2022/HBSC_Comparativo2002_2022.pdf

Olweus, D. (1993). *Bullying at school: What we know and what we can do.* Oxford: Blackwell.

Potard, C., Kubiszewski, V., Combes, C., Henry, A., Pochon, R., & Roy, A. (2022). How adolescents cope with bullying at school: Exploring differences between pure victim and bully-victim roles. International journal of bullying prevention, 4(2), 144-159.

Protzko, J. & Schooler, J. (2019). Kids these days: Why the youth of today seem lacking. *Science Advances*, 5, (10), eaav5916, https://doi.org/10.1126/sciadv.aav5916

Ross, A., Loughran, T., Brunold, A., Hartsmar, N. & Liljefors Persson, B. (2024) Young People's Understanding of European Values: Enhancing Abilities, Supporting Participations and Voice. European Commission. Consultado el 13 de septiembre de 2025. Disponible en: https://repository.londonmet.ac.uk/9497/1/Young-Peoples-Understanding-of-European-Values-Enhancing-abilities-supporting-participation-and-voice.pdf

Shulman, E. P., Smith, A. R., Silva, K., Icenogle, G., Duell, N., Chein, J., & Steinberg, L. (2016). The dual systems model: Review, reappraisal, and reaffirmation. *Developmental cognitive neuroscience*, *17*, 103-117.

Srinivasan, A. (2021). *The Right to Sex*. Bloomsbury.

Steinberg, L. (2013). The influence of neuroscience on US Supreme Court decisions about adolescents' criminal culpability. *Nature Reviews Neuroscience*, *14*(7), 513-518.

Tyler, T. R. (2006). *Why People Obey the Law*. Princeton University Press. 2a Edición.

Utterback, L. (2024) Life-Course Theory and Incels: Masculinity Strain in the Transition to Adulthood. *Sexuality & Culture*, 28, 1-15. https://doi.org/10.1007/s12119-024-10201-7

Volk, A. A., Dane, A. V., & Marini, Z. A. (2014). What is bullying? A theoretical redefinition. *Developmental Review*, *34*(4), 327-343. https://doi.org/10.1016/j.dr.2014.09.001

Youth Justice Board (2023) Agreement for 2023-24 Youth Justice Grant. Disponible en: https://www.gov.uk/government/publications/conditions-of-youth-justice-grant-2023-24 (Consultado el 30 September 2023).

Enlace al proyecto "Hablemos claro"

https://www.uclm.es/grupos/crimijov/transferencia/hablemos-claro

11 Filmografía sobre violencia juvenil*

Violencia reactiva

(P) Bonnie & Clyde (1967). Nacionalidad USA. Dirección: Arthur Penn.

(P) Ciudad de Dios [Cidade de Deus] (2002). Nacionalidad brasileña. Dirección: Fernando Meirelles.

(P) La cinta blanca [Das weiße Band - Eine deutsche Kindergeschichte] (2009). Nacionalidad alemana. Dirección: Michael Haneke.

(P) Los 400 golpes [Les 400 coups] (1959). Nacionalidad francesa. Dirección: François Truffaut.

(P) Los miserables [Les miserables] (2019). Nacionalidad francesa. Dirección: Ladj Ly.

(P) Los Olvidados (1950). Nacionalidad mexicana. Dirección: Luis Buñuel (1977). Nacionalidad: española. Dirección: José Antonio de la Loma.

Violencia sin razones

(P) El señor de las moscas [Lord of the Flies] (1990). Nacionalidad USA. Dirección: Harry Hook.

* Todas las películas que proponemos para seguir pensando abordan de una manera u otra el tema de la violencia juvenil. Obviamente la filmografía sobre el tema es amplísima y la pretensión era dar ideas a los lectores sobre algunas que nos parecen representativas o especialmente acertadas en el tratamiento del tema.

(P) Impulso criminal [Compulsion] (1959). Nacionalidad USA. Dirección: Richard Fleischer.

(P) La mala semilla [The Bad Seed] (1959). Nacionalidad USA. Dirección Mervyn LeRoy.

(P) La naranja mecánica [A Clockwork Orange] (1971). Nacionalidad británica. Dirección: Stanley Kubrick.

(P) ¿Quién puede matar a un niño? (1976). Nacionalidad española. Dirección: Narciso Ibañez Serrador.

Menores en el sistema judicial

(P) Acusada (2018). Nacionalidad argentina. Dirección: Gonzalo Tobal.

(P) Diciembre [December] (2022). Nacionalidad japonesa. Dirección: Anshul Chauhan.

(P) Sleepers (1996). Nacionalidad USA. Dirección: Barry Levinson.

(S) Así nos ven [When they see us] (2019). Nacionalidad USA. Dirección: Ava DuVernay.

(S) Defender a Jacob [Defending Jacob] (2020). Nacionalidad USA. Dirección: Mark Bomback, Morten Tyldum.

(S) Reservated. (2025). Nacionalidad. Dinamarca Director: Ingeborg Topsoe, Per Fly.

La sociedad ante la delincuencia juvenil

(P) Boy A (2007). Nacionalidad británica. Dirección: John Crowley.

(S) Pubertat (2025). Nacionalidad española. Dirección: Leticia Dolera.

(S) Una familia normal [En helt vanlig familj] (2023). Nacionalidad Suecia. Dirección: Per Hanefjord.

OTROS TÍTULOS DE LA COLECCIÓN

1 *La fábrica y la oficina*, de Juan López Gandía
2 *"El hombre que mató a Liberty Valance"*, de Jordi Nieva Fenoll
3 *La gran apuesta*, de Sergio Nasarre Aznar
4 *Los secretos de estado y la libertad de información*, de Gonzalo Quintero Olivares
5 *El hombre tranquilo*, de Emilio Soler y Mario Martínez
6 *Víctima y el derecho a la no discriminación por diversidad afectivo-sexual*, de Jesús Ignacio Delgado Rojas
7 *Una cuestión de género. Ruth Bader Ginsburg o la lucha por la igualdad*, de Ana Rodríguez Álvarez
8 *La caza. El despertar de la serpiente*, de Quico Tomás y Valiente
9 *El exorcista. ¿Sólo una novela o película de terror?*, de José Mª Contreras Mazarío
10 *Mientras dure la guerra. Miguel de Unamuno y la memoria histórica como derecho humano*, de José Martínez Rubio
11 *La guerra a la vuelta de la esquina. La mirada del cine a Yugoslavia en llamas*, de Chiara Vitucci
12 *La «guerra contra el terroriso», viente años después. Zero Darck Thirty*, de Consuelo Ramón Chornet
13 *La voz más alta*. Ruido mediático, opinión pública y Estado de Derecho, de Beatriz Gallardo Paúls y José Luis Espinosa Calabuig
14 *El buen Derecho*. (O las dos muertes de *David Gale*), de José Manuel Rodríguez Uribes
15 *Las sandalias del pescador*. La soledad del poder. Entre la geopolítica y el Derecho canónico, de Gustavo Suárez Pertierra
16 *El Verdugo*. Un retrato satírico del asesino legal (2ª edición), de Mario Ruiz Sanz
17 *Contagio*, de Miguel Ángel Ramiro Avilés
18 *Sofía Volverá*. La necesidad de nuevos planteamientos jurídicos medioambientales, de Carlos Gil
19 *La razón de estado y el sueño de la razón. Marco Bellocchio: De buengiorno notte a esterno notte*, de Juan López Gandía
20 *La costila de Adán*, Juan Miguel Company Ramón e Ignacio Cort Cañizares
21 *"El último tango en París", un escándalo entre dos siglos*, de Eva Peydró
22 *Una mirada cinematográfica sobre el consentimiento sexual*, de Ana Valero Heredia
23 *Querer. El derecho en el dormitorio*, de Isabel Gonzálvez
24 *El caso Sloane*. Una lobby story, de Joan Ridao